Contents

はじめに。… 2

てんきち母ちゃんの
夜10分、
あるものだけで
おつまみごはん

冷蔵庫によくあるものリスト … 8

常備しておくと便利な食材＆調味料 … 10

てんきち母ちゃんの
毎日 うち飲み

ビールに合わせた居酒屋風 … 12
ワインに合わせたビストロ風 … 14
日本酒に合わせた小料理屋風 … 16

お酒と料理の合わせ方 … 18

第1章
バリエ無限大！
4大定番食材の
爆速ガッツリおつまみ

ひき肉
　手が汚れないひき肉料理 … 20
　オトナの肉団子 … 22
豚薄切り肉 … 24
お刺身さく … 28
鶏肉
　ささみ … 30
　もも肉 … 34
　むね肉 … 38

おつまみランクアップ食材①
クミンの使い方 … 42

第2章
ヘルシー食材で
満腹おつまみ

シーン別 ヘルシーおつまみ
　① 女子会向けの華やかメニュー … 44
　② 減量中のダンナ向け糖質オフメニュー … 46
　③ 野菜嫌いの子どももOK
　　親子で大満足メニュー … 48
野菜が主役のヘルシーおつまみ … 50
卵が主役の愛されおつまみ … 54
豆腐が主役のガッツリおつまみ … 56

おつまみランクアップ食材②
アンチョビの使い方 … 58

第3章

野菜一品だけの秒速おつまみ

冷蔵庫にある野菜だけで
たちまち何品でも！ … 60
定番野菜一品だけでできるおつまみ 61
> キャベツ … 62
> じゃがいも … 63
> きゅうり … 64
> もやし … 65
> トマト … 66
> きのこ … 67
> 大根 … 68
> にんじん … 69
> 玉ねぎ … 70
> ブロッコリー … 71
> レンコン、ニラ、春菊 … 72

2秒で出せる！肉と野菜の作りおき
> ワインに合う作りおき … 74
> 日本酒に合う作りおき … 76

おつまみランクアップ食材③
ナッツの使い方 … 78

第4章

飲みたい人も
シメたい人も！
両方いけるシメつまみ

炭水化物がないとしまらない！
腹持ちつまみ
> ごはん … 80
> 麺 … 82

やっぱりシメは甘いもの。
スイーツつまみ … 84

おつまみランクアップ食材④
アボカドの使い方 … 86

おつまみランクアップ食材⑤
ナンプラーの使い方 … 87

おつまみランクアップ食材⑥
自家製パクチーオイルが使える！ … 87

おわりに。… 88

素材別さくいん … 90

てんきち母ちゃんの
夜10分、あるものだけで
おつまみごはん

一日働いた後には、ビールでもワインでも
お酒をちょっと飲みながら、おいしいものをつまんで
くつろぎたいもの。しかもそんなおつまみが
冷蔵庫にあるものだけで10分で
しかもお酒の種類に合わせて作れたら、
最高では!? 飲む人も飲まない人も
子どもも喜ぶ、おつまみおかず。
急な来客でも、ささっと作れるもてなしつまみ。
そんなおつまみおかずのバリエーションを
どどーんと紹介します。

冷蔵庫によくあるものリスト

うちの冷蔵庫に"よくある"食材は、どこのスーパーでも一年中手に入るものばかりです。
これらの食材を買っておけば、この本のほとんどのものが作れます。
買い物リストとしてどうぞ。

List of ingredients

- ☐ 薄切り肉（豚、牛など）
- ☐ 鶏肉（もも、むね、ささみなど）
- ☐ ミンチ（豚肉、鶏肉、合いびきなど）
- ☐ 刺身用サーモン＆まぐろ
- ☐ 卵
- ☐ 大豆製品（豆腐、厚揚げ、油揚げなど）
- ☐ いも類（じゃがいも、里いも、長いも、さつまいもなど）
- ☐ にんじん
- ☐ 玉ねぎ
- ☐ キャベツ
- ☐ ブロッコリー
- ☐ レンコン
- ☐ ナス
- ☐ かぼちゃ
- ☐ セロリ

- ☐ ピーマンやパプリカ
- ☐ もやし
- ☐ トマト
- ☐ きゅうり
- ☐ きのこ
- ☐ 青菜類（ほうれん草、チンゲン菜、豆苗、水菜、カイワレ大根など）
- ☐ 香味野菜（長ねぎ、青ねぎ、大葉、生姜、にんにく、パセリなど）

**いつもあるわけじゃないけど
あると一気におつまみランクアップなもの！**

- ☐ アボカド
- ☐ パクチー

＜この本の表記のルール＞

● 大さじ1は15cc、小さじ1は5ccです。
● 電子レンジの加熱時間は、出力600Wのものを基準にしています。500Wの電子レンジを使用する場合は、1.2倍の加熱時間を目安としてください。また、電子レンジで使用している耐熱容器はプラスティックの耐熱コンテナが多いです。ガラスや陶器の場合はそれより加熱時間が長くなる場合があります。また機種によって若干の差がありますので様子を見ながら加熱してください。なお電子レンジには、金属や琺瑯の容器は使えませんのでご注意ください。
● トースターは1300Wのオーブントースターを使っています。グリルは魚焼きグリルです。魚焼きグリルはガスのものを使用しています。IHの場合は加熱時間が長くかかる場合がありますので、様子を見ながら加熱してください。トースターはグリルで代用もできますが、表面が焦げないように様子を見ながらホイルをかぶせるなどしてください。
● 電子レンジ仕上げのレシピには R 、魚焼きグリルを使用するレシピには G 、トースターを使用するレシピには T を付けました。
● めんつゆは2倍濃縮タイプを使用しています。
● 梅干しを梅肉ペーストで代用する場合は、梅干し1個＝梅肉ペースト小さじ1を基準としてください。生姜やにんにくのすりおろしは生姜チューブやにんにくチューブで、レモン汁はレモン果汁で代用しても構いません。
● ビールやハイボールに合うレシピには🍺、ワインに合うレシピには🍷、日本酒に合うレシピには🍶マークを付けました。

常備しておくと便利な食材＆調味料

冷凍、あるいは冷蔵で常備しておくと便利な食材や、あるだけでおつまみづくりの腕が上がったように見える調味料などをご紹介します！

食材

冷凍シーフード
シーフードミックスや茹でだこ、いか、えびなど。

麺
冷凍うどん、焼きそば、素麺など。シメとしても使い勝手よし。

ナッツ＆ドライフルーツ
アーモンド、くるみ、ピーナッツ、レーズンなど、食感に変化が。

チーズ類
スライスチーズやクリームチーズ、粉チーズ、マスカルポーネチーズなど。

のり＆青のり
手軽に磯の香りを添えてくれる便利食材。日本酒に合う味に。

塩昆布
塩味と旨みを加えてくれるので、和え物などに便利。

かつおぶし
旨みUPの万能食材。和え物にも炒め物にも使える。

桜えび
独特の旨みと香りが抜群。日本酒などに合う味に。

漬物
キムチ、紅生姜、たくあん、梅干しなど。パンチの利いた味に。

辛子明太子
冷凍保存しておくと便利。淡泊な味の食材も濃厚に。

アンチョビ
和の食材とも意外に相性がよく、ワインやごはんの進む味に。

缶詰
ツナ缶、ほたて缶など。保存もきくので安い時に購入。

調味料

白だし
和の味付けが
簡単に一発で決まる。

オイスターソース
甘辛味に旨みと
コクをプラス。

ナンプラー
エスニック味の白だしと
思って。

スイートチリソース
酸っぱくて甘辛い
エスニックな味。

メイプルシロップ
はちみつより癖がないので
使いやすい。

レモン果汁
生レモンがない時に。

粒マスタード
辛いだけでなく、
酸味も食感も。

梅肉ペースト
梅干しの代用として。

コチュジャン
辛みと甘みがほしい時に。

**生姜＆にんにく
チューブ**
生姜＆にんにくの
すりおろしの代用。

あらびきガーリック
にんにくの風味を
つけるのに手軽。

柚子胡椒
ピリリとした辛みと香りが
日本酒に合う。

カレー粉
お酒も食も進む万能スパイス。
子どもウケも。

ブラックペパー
最後にひと振り。
白胡椒とは別にあると○。

クミン
意外に使いやすいスパイス。
使い方は、p.42を。

これだけで
200レシピ以上
作れます！

Pub style foods
go with beer

てんきち母ちゃんの
毎日 うち飲み

今日飲みたいお酒は、ビール、ワイン、日本酒？
お酒の種類に合わせて、おつまみおかずは千変万化。

ビールに合わせた
居酒屋風

たことじゃがいもの
おかか炒め

材料（2人分）
茹でだこ…100g
じゃがいも…2個（200g）
オリーブオイル…大さじ1
かつおぶし…1パック
A ┌ 塩、ブラックペパー…各少々
　├ しょうゆ…小さじ2
　└ あらびきガーリック…少々

作り方
1. たこは斜めに削ぎ切りにする。じゃがいもはくし形に切って水にくぐらせ、耐熱容器に入れてふんわりとラップをかけ、レンジで3分加熱する。
2. フライパンにオイルをひき、1のじゃがいもの水気を切って入れる。中火にかけ、じゃがいもの表面がカリッとしてくるまで炒めたら、たこを加えてさっと炒め、Aで調味する。
3. 火を止めてかつおぶしを振り掛ける。

豆苗のオイル和え

材料（2人分）
豆苗…1袋
岩塩…少々
ごま油…大さじ1と1/2
あらびきガーリック…少々

作り方
1. 豆苗は根を切り落とし、半分の長さに切ってボウルに入れ、あらびきガーリックと岩塩を振り掛ける。
2. フライパンにごま油を入れて火にかけ、煙が出てくるまで熱して火を止める。
3. 熱いうちに1の豆苗のボウルに入れて、全体を混ぜる。

レンジで
上海風焼きそば

材料（2人分）
焼きそば用蒸し麺…2玉
豚薄切り肉…100g
ニラ…1/3束
もやし…1/2袋
A ┌ オイスターソース…大さじ1
　├ しょうゆ…大さじ1
　├ ごま油…大さじ1
　└ 塩、コショウ…各少々

作り方
1. ニラと豚肉はそれぞれ4センチに切る。
2. 耐熱容器にクッキングシートを敷き、その上に焼きそば用蒸し麺を広げる。もやしと豚肉を広げて重ね、Aを全体に回しかける。
3. ふんわりとラップをかけてレンジで4分加熱する。肉の色が変わって火が通っていたら、全体をよく混ぜ、ニラを加えてさらに混ぜる。

Bistro style foods go with wine

ワインに合わせた ビストロ風

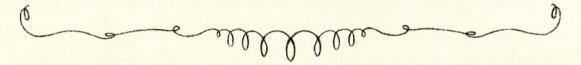

ガスパチョ 🍷

材料（2人分）
トマトジュース（加塩）…250cc
A［サラダ用玉ねぎ
　（新玉ねぎ、紫玉ねぎなど）…1/8 個
　セロリ…1/2 本
　きゅうり…1/2 本］
B［塩…小さじ 1/4
　ブラックペパー…少々
　レモン汁、オリーブオイル
　　…各大さじ 1］

作り方
1. Aの野菜はみじん切りにしてBと和えて5分ほどおく。
2. トマトジュースに1を入れて混ぜ（飾りの分を少し残す）、器に注ぐ。残しておいた刻み野菜を上にそっとのせる。

カリカリ揚げ野菜と 🍷 サーモンのサラダ仕立て

材料（2人分）
レンコン…120g
水菜…1/2 束
サーモン…100g
塩、酒…各少々
サラダ油…適量
A［茹で卵…1 個
　塩、コショウ…各少々
　レモン汁…小さじ 1
　粒マスタード…小さじ 1
　マヨネーズ…大さじ 1 と 1/2］

作り方
1. 水菜は4センチに切る。レンコンは薄切りにして水に放ち、あくをぬく。サーモンは1センチ幅に切り、塩、酒を振ってビニール袋に入れて片栗粉（分量外）を全体にまぶす。
2. フライパンにサラダ油を5ミリの深さになるくらい入れ、1のレンコンの水気を拭きながら入れる。カリッとなるまで素揚げにし、バットに取り出す。続いてサーモンも入れてカリッとなるまで揚げ焼きにして取り出す。
3. Aをフォークで潰しながら混ぜる。1の水菜と2のレンコン、サーモンを盛り付け、Aのソースをかける。

たっぷりきのこの 🍷 クミンライス

材料（2人分）
ごはん…お茶碗に軽く2膳分
牛薄切り肉…100g
まいたけ…1 パック
クミン…小さじ 1
オリーブオイル…小さじ 2
塩、ブラックペパー…各少々

作り方
1. まいたけは食べやすい大きさに切る。牛肉は食べやすい長さに切り、塩、ブラックペパーを振る。
2. フライパンにオリーブオイルとクミンを入れて火にかけ、1の牛肉を炒めて取り出す。
3. 空いたフライパンにまいたけを入れてさっと炒め、全体に油が回ったらごはんを入れてさらに炒め、塩、ブラックペパーで味を調える。皿に盛り付け、上に肉を盛る。

Kappo style foods go with nihonshu

日本酒に合わせた小料理屋風

里いもの柚子胡椒サラダ

材料（2人分）
里いも…6個（300g）
サラダ用玉ねぎ
（新玉ねぎ、紫玉ねぎなど）…1/2個
桜えび…お好みで
A ┌ 柚子胡椒…小さじ1
　├ マヨネーズ…大さじ2
　└ 塩…小さじ1/4

作り方
1. 里いもはよく洗って耐熱容器に入れ、ふんわりとラップをしてレンジで3分半加熱する。玉ねぎは繊維に逆らって薄切りにする。
2. 里いもに串がスッと通るようになったら半分に切って、中身を押し出すように皮を外して取り出し、熱いうちに潰して1の玉ねぎとAを混ぜる。
3. 器に盛り付け、お好みで桜えびをのせる。

カリカリオニオンリング

材料（2人分）
玉ねぎ…1個
薄力粉…大さじ1
A ┌ 薄力粉…大さじ5
　├ マヨネーズ…大さじ1
　├ 水…大さじ5
　└ 塩…少々
サラダ油…適量

作り方
1. 玉ねぎは1センチの厚みの輪切りにし、2枚ずつくらいに分けて薄力粉大さじ1をまぶす。
2. ボウルにAを上から順に入れて箸で軽く混ぜる。1を入れて全体に絡ませる。
3. フライパンに5ミリの深さになるくらいのサラダ油を入れて175度に熱し、2を1個ずつ入れて濃いきつね色になるまでひっくり返しながら揚げ焼きにする。

ナスとひき肉のとろとろ煮

材料（2人分）
ナス…2本
鶏ひき肉…80g
生姜（すりおろし）…小さじ1
ごま油…小さじ2
水溶き片栗粉…適量
青ねぎ（小口切り）…お好みで
A ┌ 水…1カップ
　├ 酒、みりん、しょうゆ
　│　　　…各大さじ1
　└ 塩…少々

作り方
1. ナスは縞目に皮をむき、2センチの厚みの輪切りにする。塩水（分量外）につけてギュッと絞る。
2. 鍋にごま油とひき肉、生姜を入れて火にかけ、色が変わってくるまで炒める。さらにナスを加えて全体に油がなじむまで炒めたら、Aを加えて煮立てる。煮立ったらあくをすくい、ナスが柔らかくなるまで5分ほど煮て、水溶き片栗粉でとろみをつける。
3. 器に盛り付け、お好みで青ねぎを散らす。

お酒と料理の合わせ方

家で飲むのはもっぱらビール、ワイン、ハイボールなど。
呑兵衛だからこそ経験的に分かってきた、
それぞれのお酒に合わせるちょっとした味付けのコツは……？

1 ビール・ハイボールに合わせるコツ

炭酸系のお酒は、こってりしたものでもすっきりとのど越しよく油を
洗い流せるので、揚げ物や炭水化物と合うと思います。
また、ガーリックやブラックペパーなどパンチのある香辛料を
使ったお料理にも合いますよ。

2 ワインに合わせるコツ

油をオリーブオイルに変えたり、柑橘っぽい酸味や香りをつけたり、
香りの強い野菜や香味野菜などを多く使うとワインと合わせやすくなります。
またチーズやアンチョビを使うと間違いなく相性のよい味になりますね。
赤と白で合わせるものは少し違いますが、基本的には、食材の色に
似た色のワインに合うと覚えておくとよいかもしれません。

3 日本酒に合わせるコツ

少ししょっぱめのコクのあるお料理が日本酒に合います。
みりんやみそを使った料理は日本酒と相性がよいですし、
調味料としては柚子胡椒やわさびなどを使って
少しピリリとさせたものも日本酒をひきたてます。

お酒だけで飲むなら……

料理と合わせずに、お酒だけで飲むなら大好きなのが、ブランデー。
そのまま飲んだり、紅茶やコーヒーに垂らしてもおいしいですが、
フルーツや野菜などを入れて果実酒として飲むのもおすすめです。
たとえば、オレンジの薄切り、バナナ、リンゴ、パイナップルなどお好きな果物を
ブランデーに漬けてみてください。変わり種ではトマトと大葉を一緒に漬けるのも
おすすめです。24時間後から飲めるようになりますよ。お水やソーダで割ったり、
ものによってはミルクで割ったりするとおいしくいただけます。
わたしのデザートドリンクです。

第1章
バリエ無限大!
4大定番食材の
爆速ガッツリおつまみ

手頃なお値段の、いつも冷蔵庫にある定番のお肉や魚を使った
ガッツリつまみのバリエーション。
お酒だけでなく、ごはんも何杯でもいける!

- ひき肉
  手が汚れないひき肉レシピ／オトナの肉団子
- 豚薄切り肉
- お刺身さく
- 鶏肉（ささみ／もも肉／むね肉）

こねる、丸める、不要です！
手が汚れないひき肉レシピ

ひき肉料理は、手がベタベタになるのがイヤ。
そんなあなたに、速くておいしい、
ストレスフリーな一品です！

ひき肉①

鶏ひき肉のガパオ風炒め

材料（2人分）
鶏ひき肉…100g
卵…1個
玉ねぎ…中1個
しめじ…1パック
塩、ブラックペパー…各少々
ごま油…大さじ1
サニーレタス…1枚
ドライバジル…お好みで
A ーナンプラー、砂糖、オイスターソース、米酢…各小さじ1

作り方
1. 玉ねぎはくし形に切る。しめじは石づきを取って小房に分ける。
2. フライパンにごま油をひいて熱し、卵を割りいれ目玉焼きを作る。半熟状になったら取り出し、空いたフライパンに鶏ひき肉を入れる。あまり崩さないように（塊が出来るように）炒め、軽く塩、ブラックペパーを振る。
3. 1も加えてさらに炒め、全体に油が回ったらAを加えて少し煮詰めて火を止める。サニーレタスと一緒に盛り付け、目玉焼きをのせる。ドライバジルをお好みでかける。

ジューシートマトの
ひき肉ソースがけ

材料（2人分）
合いびき肉…120g
トマト（小）…3〜4個
中濃ソースまたはとんかつソース…大さじ2
ケチャップ…大さじ2
ブラックペパー…少々
フライドオニオン…お好みで

作り方
1. トマトは食べやすく切って、皿に並べる。
2. フライパンを温めて合いびき肉を色が変わるまで炒め、ソースとケチャップを入れて混ぜ、火を止める。
3. 1のトマトに2をかけ、ブラックペパーを振る。お好みでフライドオニオンをトッピングする。

じゃがいものそぼろ煮

材料（2人分）
合いびき肉…60g
じゃがいも…（中2個）250g
A [砂糖…大さじ1
    しょうゆ…大さじ1/2
    みそ…大さじ1]

作り方
1. じゃがいもは3センチ角に切り、水にくぐらせる。
2. 耐熱容器に1のじゃがいもを入れて合いびき肉を上にのせ、Aを上から入れてふんわりとラップをする。
3. レンジで4分加熱し、いったんかきまぜて1分半追加で加熱する。

春雨エスニックサラダ

材料（2人分）
鶏ひき肉…50g
春雨…40g
サラダ用玉ねぎ
　（新玉ねぎ、紫玉ねぎなど）…1/4個
青ねぎ（小口切り）、桜えび…あれば少し
A [ナンプラー、レモン汁…各大さじ1
    ブラックペパー…少々]

作り方
1. 鍋に湯を沸かし、鶏ひき肉と春雨を入れて茹でる。ざるにあけて流水で冷やす。
2. 玉ねぎは繊維に逆らって薄切りにし、Aと一緒にボウルに入れる。
3. 1を2のボウルに入れて和える。器に盛り付け、あれば青ねぎ、桜えびを散らす。

合いびき肉の
即席ハンバーグ風

材料（2人分）
合いびき肉…200g
塩、ブラックペパー、クミン、薄力粉…各少々
サラダ油…少々
青ねぎ（小口切り）…お好みで

作り方
1. 合いびき肉はパックに入ったままの形を生かしながら、スプーンで4等分にし、スプーンの背を押し付けるようにして肉を固める。
2. 裏表に塩、ブラックペパー、クミンを振り、茶こしで薄力粉を両面に振り掛ける。
3. フライパンにサラダ油をひいて熱し、2をそっと入れて並べる。蓋をして片面が色よく焼けるまで蒸し焼きにし、裏返して蓋を取ってカリッと焼き付ける。この時余分な脂はキッチンペーパーで拭き取りながら焼くとよい。
4. 器に盛りつけ、お好みで青ねぎを散らす。

梅入りつくね

材料（2人分）
鶏ひき肉…200g
青ねぎ（小口切り）…1/3束分
サラダ油…少々
A [梅干し…1個
    卵…1個
    塩、コショウ…各少々
    あらびきガーリック…少々
    片栗粉…大さじ2]

作り方
1. 梅干しの種を外して箸でほぐしておく。
2. ひき肉と青ねぎ、Aをボウルに入れてスプーンでよく混ぜる。フライパンにサラダ油をひいて熱する。
3. 2本のスプーンを両手に持って、肉だねを丸めながらフライパンに並べる。片面が焼けたら裏返して蓋をし、弱火で5分ほど蒸し焼きにする。

フライパンで大きく
シュウマイ風

材料（2人分）
豚ひき肉、鶏ひき肉…各100g
玉ねぎ…1/4個
片栗粉…大さじ2
ごま油…大さじ1
からし…お好みで少し
A [塩、コショウ…各少々
    酒…大さじ2
    しょうゆ…小さじ1
    ごま油…小さじ1
    生姜（すりおろし）…小さじ1/2]

作り方
1. 玉ねぎはみじん切りにし、ボウルに入れて片栗粉を加えて混ぜる。
2. 1にひき肉とAを加えてスプーンでよく混ぜる。
3. フライパンにごま油をひいて2のひき肉だねを流しいれる。直径15センチくらいの円形に広げて形を整え、水100cc（分量外）を加えて蓋をして中火から弱火で蒸し煮にする。
4. 7分ほど加熱し、火を止める。食べやすい大きさに切り分けて盛り付ける。お好みでからしを添える。

ひき肉②

お酒に合う オトナの肉団子バリエ

基本の肉団子を冷凍しておけば
そこからの展開バリエは自由自在！

肉団子のナッツ和え

材料（2人分）
基本の肉団子…8個
片栗粉…大さじ2
サラダ油…少々
アーモンドスライス…大さじ1
A [みそ…大さじ1
　　みりん…大さじ1]

作り方
1. 肉団子はビニール袋に片栗粉とともに入れて振り混ぜ、全体に粉をまぶす。
2. フライパンにサラダ油をひいて1を転がしながら焼き付ける。端っこに寄せてアーモンドスライスを入れ、軽く炒めたら火を止め、Aを加えて全体に絡める。

基本の肉団子

材料（40個分）
鶏ひき肉…400g
豚ひき肉…200g
玉ねぎ…1/2個
卵…1個
塩…小さじ2
コショウ…少々
片栗粉…大さじ4
生姜（すりおろし）
　　…小さじ1

＊豚ひき肉がなければ
鶏ひき肉600gでもOK。

作り方
1. 大きな鍋に1.5リットルくらいの水（分量外）を入れて強火にかける。
2. 玉ねぎはみじん切りにする。ボウルに鶏ひき肉、豚ひき肉と玉ねぎ、塩、コショウ、卵、片栗粉、生姜を加えて手でよくこね混ぜる。
3. 手を水で濡らして、2をピンポン玉くらいの大きさに丸め、沸騰した1の湯に1つずつ落としていく。
4. 最後の肉団子を入れてから5分沸騰させ、火を止めてそのまま煮汁の中で1時間ほど冷ます。
5. 水を切り、小分けにして保存袋に入れる（冷蔵で5日、冷凍で2週間保存可。解凍する時は冷蔵庫に3～4時間入れておく）。

肉団子のスパイシーボール

材料（2人分）
基本の肉団子…8個
片栗粉…大さじ2
カレー粉…小さじ1
塩…小さじ1/3
サラダ油…少々

作り方
1. 肉団子はカレー粉と片栗粉とともにビニール袋に入れて振り混ぜ、全体に粉をまぶす。
2. フライパンにサラダ油をひいて熱し、1を並べて転がしながら焼く。全体にカリッとしてきたらバットに取り出し、塩をまぶす。

ねぎポンマヨ

材料（2人分）
基本の肉団子…8個
青ねぎ（小口切り）…1/2束
ポン酢、マヨネーズ、七味唐辛子…各適量

作り方
1. 肉団子はレンジで温める。
2. 器に肉団子を盛り付け、青ねぎをのせ、ポン酢、マヨネーズ、七味唐辛子をトッピングする。

キャベツスープ

材料（2人分）
基本の肉団子…6個
キャベツ…2枚
水…300cc（肉団子の茹で汁を利用しても可）
柚子胡椒…お好みで小さじ1
A ┌ 酒…大さじ1
　├ 塩…小さじ1/2
　└ しょうゆ…小さじ1

作り方
1. 鍋に水と肉団子を入れて火にかける。キャベツは3センチ角に切る。
2. 煮立ったらキャベツを入れてひと煮立ちさせ、Aで調味し、火を止める。お好みで柚子胡椒を溶きいれる。

みそマヨ焼き

材料（2人分）
基本の肉団子…8個
粉チーズ、青のり…各適量
A ┌ みそ…大さじ1
　└ マヨネーズ…大さじ1

作り方
1. アルミホイルを皿のような形に広げ（四方のふちを立ち上げる）、肉団子を並べる。
2. Aを混ぜて1に塗り、粉チーズを振り掛けてトースターで5分ほど焼く。こんがりと焼き目がついてきたら青のりを振る。

豚薄切り肉

味も形も自由自在。
豚の薄切りレシピ

巻いたり、まとめたり、もちろんそのままでも。
火の通りも速く、食べ応えもある最強食材です！

水菜で豚のからしみそ和え

材料（2人分）
豚薄切り肉…120g
水菜…1/4束
アーモンドスライス…お好みで
A [みそ…大さじ1
    からし…小さじ1
    マヨネーズ…小さじ1]

作り方
1. 鍋に湯を沸かし、食べやすく切った豚肉を茹でる。色が変わったら冷水に取り、水気をきる。
2. キッチンペーパーで水分を拭き取り、Aで和える。
3. 器に水菜と一緒に盛り付け、お好みでアーモンドをトッピングする。

レンチンマイルド豚キムチ

材料（2人分）
豚薄切り肉…120g
玉ねぎ…1/2 個
キムチ…100g
ニラ…1/4 束
マヨネーズ…大さじ 1
しょうゆ…小さじ 1

作り方
1. 玉ねぎはくし形に、肉とニラは 4 センチに切る。
2. 耐熱容器に玉ねぎ、肉、キムチの順にのせ、マヨネーズを絞る。しょうゆを振り掛けてふんわりとラップをかけ、レンジで 4 分加熱する。
3. いったん取り出してかき混ぜ、ニラを加えてもう一度ふんわりとラップをかけ、レンジで 1 分加熱する。肉の色がしっかり変わっているのを確認する。

くるくる豚ロース薄切りの揚げ焼き

材料（2人分）
豚薄切り肉（ロースしゃぶしゃぶ用を使用）…8 枚（100g）
みりん、しょうゆ…各小さじ 1
片栗粉…適量
サラダ油…大さじ 2
塩…少々

作り方
1. 豚薄切り肉は広げて端からくるくると巻く。これを 8 本作り、みりんとしょうゆを全体に振り掛けて 10 分ほどなじませる。
2. 1 の水けを軽く切り、片栗粉をしっかりとまぶしつける。上と下の断面のところから肉汁が出てくるので、その部分もしっかり中まで片栗粉をまぶす。
3. フライパンにサラダ油をひき、2 の肉を並べて転がしながら焼く。
4. 全体にしっかり焼き色が付いたら取り出し、盛り付ける。塩を付けながらいただく。

焼きトンのねぎだれ

材料（2人分）
豚薄切り肉（ばら焼き肉用など）…200g
青ねぎ（小口切り）…1/3 束
A ┌ 塩…小さじ 1/2
　├ あらびきガーリック…少々
　├ ごま油…大さじ 1
　├ レモン汁…小さじ 1
　└ ブラックペパー…少々

作り方
1. 豚肉は食べやすい長さに切る。青ねぎは A と混ぜ合わせておく。
2. フライパンを熱し（必要ならばサラダ油をひく）、豚肉を広げて入れる。色が変わってくるまでさっと両面を焼き、皿に取り出す。
3. 2 に 1 のねぎだれをかける。

豚ばらと大根のおかかしょうゆ炒め

材料（2人分）
豚薄切り肉（ばら肉など）…100g
大根…150g
ごま油…小さじ 1
しょうゆ…大さじ 1
かつおぶし…1 パック
青ねぎ（小口切り）…お好みで

作り方
1. 大根は薄くいちょう切りにする。豚肉は食べやすい長さに切る。
2. フライパンにごま油をひいて熱し、1 の大根を炒める。全体に油が回ったら豚肉を加えて色が変わるまで炒め、余分な脂を拭き取る。
3. 火を止めてしょうゆを回しかけ、かつおぶしを振り掛ける。お好みで青ねぎをトッピングする。

豚ロース薄切りのチーズ挟み焼き

材料（2人分）
豚薄切り肉（ロース肉など）…8枚
スライスチーズ…2枚
塩、コショウ、薄力粉、サラダ油…各少々

作り方
1. スライスチーズは半分に切る。豚肉は2枚を一組にし、1枚にチーズをのせてもう1枚をピッタリと重ねる。
2. 軽く塩、コショウを振り、茶こしで薄力粉を全体にまぶす。これを4組作る。
3. フライパンにサラダ油をひいて熱し、2を並べて焼く。両面こんがりと焼き目が付いてきたら取り出し、盛り付ける。

紅生姜入り豚天

材料（2人分）
豚薄切り肉（ロース肉など）…120g
塩…少々
紅生姜…箸でひとつまみ
青のり…小さじ1
薄力粉…大さじ5〜6
水…大さじ4〜5
サラダ油…適量

作り方
1. 豚肉は2センチ幅に切り、塩を振って軽くなじませる。
2. ボウルに1と紅生姜、青のり、薄力粉を入れて菜箸で軽く混ぜる。
3. 2に水を少しずつ加えながらざっくりと混ぜる。
4. フライパンにサラダ油を5ミリくらいの深さになるように入れ、180度に温める。3を1枚ずつ広げて入れていき、色が付いてきたら裏返して全体にカラッとなるまで揚げ焼きにする。

豚肉のアンチョビバター炒め

材料（2人分）
豚薄切り肉…160g
バター…10g
アンチョビフィレ…5枚
塩、ブラックペパー…各少々

作り方
1. 豚肉は食べやすい長さに切る。アンチョビは細かく切る。
2. フライパンにバターと豚肉を入れて炒める。色が変わってきたら軽く塩、ブラックペパーを振って、アンチョビを加えて全体によく混ぜながら炒める。

豚ばらスライスのレンジ角煮風

材料（2人分）
豚薄切り肉（ばら肉など）…8枚
片栗粉…小さじ1
パクチー…お好みで
A ┌ 砂糖…小さじ2
　│ 米酢、しょうゆ、オイスターソース…各小さじ1
　└ あらびきガーリック…少々

作り方
1. 豚肉は直方体になるように四角く巻く。8個作る。
2. 皿にクッキングシートをのせ、1を並べてキャンディー包みにする。レンジで3分加熱し、シートをあけて出てきた脂を捨てる。
3. 2の肉に片栗粉をまぶし、クッキングシートに戻す。ここにAを回しかけ、もう一度キャンディー包みにする。レンジで1分半ほど加熱する。全体を混ぜて調味料が肉に絡まっていたら出来上がり。盛り付けて、お好みでパクチーをそえる。

豚ばらスライスのカリカリ焼き
アボカドわさび和え

材料（2人分）
豚薄切り肉（ばら肉など）…120g
アボカド…1個
A ［わさび…小さじ1
　　白だし…大さじ1］

作り方
1. アボカドは種を外して皮をむき、一口大に切る。豚肉は4センチに切る。
2. フライパンに豚肉を広げて入れ、火にかける。脂を拭き取りながらカリカリになるまで焼いたら取り出し、Aと1のアボカドを和える。

ニラ巻き豚

材料（3本分）
豚薄切り肉（しゃぶしゃぶ用など）…15枚（200g）
ニラ…1束
塩、コショウ、片栗粉、サラダ油…各適量
ポン酢…適量

作り方
1. ニラは3等分に切る。豚肉は5枚を一組にして少しずつ重ねながら1列に並べ、ニラをのせて端からギュッと巻く。これを3本作る。
2. 1の表面に塩、コショウを振り、片栗粉をまぶしつける。
3. フライパンにサラダ油をひいて熱し、2の巻き終わりを下にして並べる。
4. 転がしながらきつね色になるまでしっかり焼き付ける。食べやすい大きさにカットして盛り付け、ポン酢を添える。

きゅうりと豚のガーリック炒め

材料（2人分）
豚薄切り肉…120g
きゅうり…1本
ごま油…小さじ1
塩、ブラックペパー…各少々
しょうゆ…小さじ1
あらびきガーリック…少々
かつおぶし…1/2パック

作り方
1. きゅうりは斜めに5ミリ幅に切り、豚肉は4センチに切る。
2. フライパンにごま油をひいて熱し、豚肉を炒める。色が変わってきたらきゅうりを加えてさらに炒め、塩、ブラックペパー、しょうゆで調味し、火を止めてあらびきガーリック、かつおぶしを振る。

豚肉の明太チーズ絡め

材料（2人分）
豚薄切り肉…160g
辛子明太子…40g
クリームチーズ（個包装のもの）…2個
ごま油…少々
しょうゆ…小さじ1
塩、コショウ…各少々
青ねぎ（小口切り）…あれば少し

作り方
1. 豚肉は食べやすい長さに切る。辛子明太子は箸でほぐす。クリームチーズはさいの目に切る。
2. フライパンにごま油をひいて豚肉を色が変わるまで炒める。軽く塩、コショウを振って火を止め、辛子明太子とクリームチーズを加えて、しょうゆを振ってさっと和える。あれば青ねぎを散らす。

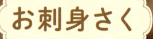

お刺身をさく買いで、使いまわす！

生でも、漬けても、焼いても、揚げても！
まぐろやサーモンはさく買いがおすすめ。

まぐろのからしうまだれ絡め

材料（2人分）
刺身用まぐろ…200g
長ねぎ（白髪ねぎにする）、白ごま…お好みで
A ┌ 砂糖…小さじ1
  │ しょうゆ…小さじ2
  └ からし…小さじ1

作り方
1. まぐろは3センチ角に切って、Aで和える。
2. 器に盛り付け、お好みで白髪ねぎ、白ごまなどをトッピングする。
＊サーモンでも作れます。

サーモンの炙り

材料（2人分）
刺身用サーモン…100g
サラダ用玉ねぎ
（新玉ねぎ、紫玉ねぎなど）…1/8個
塩…少々
ブラックペパー…少々
オリーブオイル…適量

作り方
1. サーモンの表面に塩を振る。玉ねぎは薄切りにする。
2. フライパンにオリーブオイルをひいて熱し、1のサーモンの表面をさっと焼いて取り出し、粗熱が取れたら食べやすく切る。
3. 皿に盛り付け、1の玉ねぎをのせ、ブラックペパーとオリーブオイルを振り掛ける。
＊まぐろでも作れます。

サーモンの漬け（コチュジャン×長いも）

材料（2人分）
刺身用サーモン…100g
長いも…100g
A［コチュジャン…小さじ2
しょうゆ…小さじ2
すりごま…小さじ1
ごま油…小さじ1
塩…少々］

作り方
1. サーモンと長いもはそれぞれさいの目に切る。
2. ボウルにAと1を入れて和える。
＊まぐろでも作れます。

サーモンの漬け（柚子胡椒×豆腐）

材料（2人分）
刺身用サーモン…100g
絹ごし豆腐…240g
A［柚子胡椒…小さじ1
しょうゆ…小さじ2
オリーブオイル…小さじ1
白ごま…小さじ1］

作り方
1. 豆腐は食べやすく切る。サーモンはさいの目に切り、Aと和える。
2. 豆腐を盛り付け、1のサーモンをのせる。
＊まぐろでも作れます。

サーモンとアボカドのタルタル

材料（2人分）
刺身用サーモン…70g
サラダ用玉ねぎ
（新玉ねぎ、紫玉ねぎなど）…1/8個
アボカド…1個
A［塩…小さじ1/3
オリーブオイル…小さじ2
ブラックペパー…少々
レモン汁…小さじ1］

作り方
1. 玉ねぎはみじん切りに、サーモンは細かく刻む。アボカドは半分に切って種を取り除く。
2. 玉ねぎ、サーモン、Aを混ぜる。アボカドの上に盛り付ける。
＊まぐろでも作れます。

ねぎま汁

材料（2人分）
刺身用まぐろ…100g
長ねぎ…1本
塩…少々
わさび…お好みで
A［白だし…大さじ2
水…350cc
酒…大さじ1
しょうゆ…小さじ1］

作り方
1. まぐろはぶつ切りにして塩を振る。長ねぎは5センチに切る。
2. ホイルの上に1のまぐろと長ねぎをのせてグリルで3分ほど焼く。
3. Aを煮立て、2を入れてさっと煮て火を止める。お好みでわさびを添える。
＊サーモンでも作れます。

サーモンのザンギ

材料（2人分）
刺身用サーモン…240g
片栗粉…大さじ2
サラダ油…適量
レモン…お好みで
A［塩…小さじ1/3
しょうゆ…小さじ1
あらびきガーリック…少々
ごま油…小さじ1］

作り方
1. サーモンは削ぎ切りにし、ビニール袋に入れてAを揉みこむ。
2. 片栗粉を入れて振り混ぜ、全体に粉をまぶす。
3. フライパンに少し多めのサラダ油を入れて熱し、2を一つずつ入れて、きつね色になるまで揚げ焼きにする。
4. 皿に盛り付けて、お好みでレモンを添える。
＊まぐろでも作れます。

> 鶏ささみ

レンチンささみで
ささっとおつまみ

レンチンささみを作っておけば、
和、洋、エスニック、手軽に一品が完成！

基本のささみのレンチンオイル蒸し

材料（4人分）
ささみ…400g
塩…小さじ1/2
砂糖…小さじ1/2
オリーブオイル…大さじ3

作り方
1. ささみは筋をひき、重ならないように耐熱容器に入れて両面にまんべんなく塩を振る（少し多めが目安）。砂糖も両面にうっすらと振り、そのまま室温で15分ほどおく。
2. オイルを回しかけ、ふんわりとラップをかけてレンジで2分加熱し、ささみを裏返してさらに1分加熱する。ラップをかけたまま手で触れられるようになるまで置いておき余熱で火を通す。蒸し汁も取っておく（冷蔵で5日、冷凍で2週間保存可）。

アボカドのエスニック風

材料（2人分）
レンチンささみ…2本
アボカド…1個
パクチー…1/3束
A [ナンプラー…小さじ2
    レモン汁…小さじ1
    砂糖…小さじ1/2]

作り方
1. ささみは斜めに食べやすく切る。アボカドは厚さ2センチくらいに切る。
2. 1をボウルに入れ、Aで和える。
3. 器に盛り付け、2センチに切ったパクチーをのせる。

鶏ささみの粒マスタードマリネ

材料（2人分）
レンチンささみ…2本
サラダ用玉ねぎ（新玉ねぎ、紫玉ねぎなど）…1個
A ┌ 粒マスタード…小さじ1
　│ 塩、ブラックペパー…各少々
　│ 蒸し汁…大さじ2
　│ レモン汁…大さじ1/2
　└ オリーブオイル…大さじ1/2

作り方
1. 玉ねぎは繊維に逆らって薄切りにする。ささみは箸で粗くほぐす。
2. 1とAを合わせて混ぜ、なじむまで15分ほどおく。

トースター焼き

材料（2人分）
レンチンささみ…4本
ピーマン…1個
ピザ用チーズ…ひとつかみ
マヨネーズ、ケチャップ…各適量

作り方
1. ささみは一口サイズに切る。ピーマンは輪切りにする。
2. ささみを耐熱容器に並べ、ピザ用チーズ、ピーマンを重ね、ケチャップとマヨネーズを絞ってトースターで5分ほど焦げ目がつくまで焼く。

洋風春巻き

材料（2人分）
レンチンささみ…3本
春巻きの皮…3枚
スライスチーズ…3枚
大葉…6枚
サラダ油…少々

作り方
1. 春巻きの皮とスライスチーズはそれぞれ半分に切る。ささみは斜めに切る。
2. 春巻きの皮を広げ、大葉とチーズ、ささみを1/6量のせてくるくると巻き、巻き終わりを下にしておく。これを6本作る。
3. フライパンにサラダ油をひいて熱し2の巻き終わりを下にして並べ、転がしながら全体に焦げ目がつくまで焼く。

柚子胡椒マヨサラダ

材料（2人分）
レンチンささみ…2本
茹でブロッコリー…1/3株くらい
A ┌ しょうゆ…小さじ1
　│ マヨネーズ…大さじ1
　└ 柚子胡椒…小さじ1

作り方
1. ささみは食べやすく斜めに切る。ブロッコリーも同じくらいのサイズに切る。
2. ボウルに1とAを入れてよく和える。

31

ささみとほうれん草の ごまドレがけ

材料（2人分）
レンチンささみ…2本
茹でほうれん草…1/2束
A [みそ…小さじ2
砂糖、ポン酢、マヨネーズ、すりごま…各小さじ1]

作り方
1. ささみは箸で粗くほぐし、食べやすい長さに切った茹でほうれん草と軽く和えて器に盛る。
2. Aを混ぜ合わせてタレを作り、1にかける。

ねぎ梅和え

材料（2人分）
レンチンささみ…2本
長ねぎ…1/2本
梅干し…1個
蒸し汁…大さじ1

作り方
1. 長ねぎは繊維に沿って千切りにし、水にさらす。ささみは斜めに切る。
2. 梅干しは種を取って粗くほぐし、蒸し汁と混ぜ合わせる。
3. 1と2を和える。

鶏だしのチーズ入り玉子焼き

蒸し汁だけでも、使える！

材料（2人分）
卵…2個
スライスチーズ…1枚
蒸し汁…大さじ2
塩…少々
サラダ油…適量

作り方
1. ボウルに卵を割りいれ、蒸し汁と塩を入れてよく溶く。
2. 玉子焼き器にサラダ油をひいて熱し、1を1/3量流しいれる。ここにスライスチーズをのせて端からくるくる巻く。残りの卵液も1/3量ずつ流しいれて普通の玉子焼きの要領で巻く。
3. 食べやすい大きさに切って盛り付ける。

鶏だしのお吸い物

材料（2人分）
レンチンささみ…1本
三つ葉…1/4袋
蒸し汁…大さじ2
水…300cc
白ごま…少々
A [酒…大さじ1
塩…小さじ1/2
しょうゆ…小さじ1/2]

作り方
1. ささみは箸で粗くほぐす。三つ葉は3センチに切る。お椀にささみと三つ葉、ごまを入れる。
2. 小鍋に水と蒸し汁を入れて火にかけ、あくをすくう。Aを加えてひと煮立ちさせ、1に注ぐ。

わさびしょうゆ漬け

材料（2人分）
レンチンささみ…3本
A [わさび…小さじ1
　　しょうゆ…小さじ1]

作り方
1. ささみは斜めに食べやすく切る。
2. ボウルに1とAを入れて和え、15分ほどなじませる。

きゅうりとささみのクミン和え

材料（2人分）
レンチンささみ…2本
きゅうり…1本
A [クミン…小さじ1/2
　　ナンプラー…小さじ1]

作り方
1. きゅうりは細切りに、ささみも斜めに切る。
2. 1とAをボウルに入れて軽く混ぜる。

春雨とにんじんのナムル

材料（2人分）
レンチンささみ…2本
カット春雨…40g
にんじん…5センチ（80g）
A [蒸し汁…大さじ2
　　塩、コショウ…各少々
　　しょうゆ、ごま油…各小さじ1]

作り方
1. にんじんは千切りにする。鍋に湯を沸かし、にんじんとカット春雨を入れて2分ほど茹で、ざるにあけて流水で冷やす。ささみは箸でほぐす。
2. 1の水気を切り、ささみと一緒にボウルに入れる。Aで調味する。

生春巻き

材料（2人分）
レンチンささみ…2本
ライスペーパー…2枚
水菜…1/4袋
パプリカ…1/4個
マヨネーズ、スイートチリソース…各適量

作り方
1. 水菜は洗って根元を切り落とす。パプリカは細切りにする。ささみは斜めに切る。
2. ライスペーパーは1枚を手に取り、水にくぐらせてまな板の上にのせ、水菜、パプリカ、ささみを手前に置いてギュッと巻く。
3. もう1枚を水にくぐらせ、2を二重になるように巻く。食べやすく切り分けて盛り付け、マヨネーズとスイートチリソースをかける。

鶏もも肉

鶏もも肉の
マリネ焼きバリエ

鶏もも肉は、マリネ焼きが簡単でおいしい。
漬けてから焼くか、焼いてから漬けるか。
味のバリエーションも豊富です。

白だし焼き　先漬けレシピ

材料（2人分）
鶏もも肉…1枚（250g）
塩、コショウ…各少々
わさび…小さじ1
A ┌ 白だし…大さじ1
　├ ごま油…大さじ1/2
　└ にんにく（すりおろし）…小さじ1/2

作り方
1. 鶏もも肉はフォークでつついて全体に穴をあける。一口大に切り、塩、コショウを振ってAを揉みこむ。
2. アルミホイルを皿のような形に広げ（四方のふちを立ち上げる）1の皮目を上に並べる。トースターで15分焼く。
3. ボウルに入れてわさびで和える。

バーベキューグリル 先漬けレシピ

材料（2人分）
鶏もも肉…1枚（250g）
塩、コショウ…各少々
A ┌ ケチャップ…大さじ2
　│ お好み焼きソース
　│ （または中濃ソース、とんかつソース）…大さじ1
　│ 砂糖…小さじ1
　└ にんにく（すりおろし）…小さじ1/2

作り方
1. 鶏もも肉はフォークでつついて全体に穴をあける。一口大に切り、塩、コショウを振ってAを揉みこむ。
2. アルミホイルを皿のような形に広げ（四方のふちを立ち上げる）1の皮目を上に並べる。トースターで15分焼く。

みそ漬け 先漬けレシピ

材料（2人分）
鶏もも肉…1枚（250g）
塩、コショウ…各少々
A ┌ みそ…大さじ1
　└ みりん…大さじ1

作り方
1. 鶏もも肉はフォークでつついて全体に穴をあける。一口大に切り、塩、コショウを振ってAを揉みこむ。
2. アルミホイルを皿のような形に広げ（四方のふちを立ち上げる）1の皮目を上に並べる。トースターで15分焼く。

青のり塩 先漬けレシピ

材料（2人分）
鶏もも肉…1枚（250g）
A ┌ 青のり…小さじ2
　│ マヨネーズ…大さじ1
　│ 塩…小さじ1/2
　└ コショウ…少々

作り方
1. 鶏もも肉はフォークでつついて全体に穴をあける。一口大に切り、Aを揉みこむ。
2. アルミホイルを皿のような形に広げ（四方のふちを立ち上げる）1の皮目を上に並べる。トースターで15分焼く。

甘辛チーズしょうゆだれ 先漬けレシピ

材料（2人分）
鶏もも肉…1枚（250g）
塩、コショウ…各少々
スライスチーズ…1枚
A ┌ みりん…大さじ1
　│ しょうゆ…大さじ1
　└ 一味唐辛子…少々

作り方
1. 鶏もも肉はフォークでつついて全体に穴をあける。一口大に切り、塩、コショウを振ってAを揉みこむ。スライスチーズを手でちぎって一緒に揉みこむ。
2. アルミホイルを皿のような形に広げ、1の皮目を上に並べる。スライスチーズは上にのせる。トースターで15分焼く。

鶏もも肉の塩レモングリル 先漬けレシピ

材料（2人分）
鶏もも肉…1枚（250g）
A
- レモン汁…大さじ1
- マヨネーズ…大さじ1
- 塩…小さじ1/2
- ブラックペッパー…少々
- にんにく（すりおろし）…小さじ1/2

作り方
1. 鶏もも肉はフォークでつついて全体に穴をあける。一口大に切り、Aを揉みこむ。
2. アルミホイルを皿のような形に広げ（四方のふちを立ち上げる）1の皮目を上に並べる。トースターで15分焼く。

粒マスタードとはちみつ 先漬けレシピ

材料（2人分）
鶏もも肉…1枚（250g）
塩、コショウ…各少々
A
- 粒マスタード…小さじ2
- はちみつ…小さじ1
- オリーブオイル…大さじ1

作り方
1. 鶏もも肉はフォークでつついて全体に穴をあける。一口大に切り、塩、コショウを振ってAを揉みこむ。
2. アルミホイルを皿のような形に広げ（四方のふちを立ち上げる）1の皮目を上に並べる。トースターで15分焼く。

黒コショウ焼き 先漬けレシピ

材料（2人分）
鶏もも肉…1枚（250g）
A
- 塩…小さじ1
- ブラックペッパー…小さじ1
- オリーブオイル…大さじ1
- にんにく（すりおろし）…小さじ1/2

作り方
1. 鶏もも肉はフォークでつついて全体に穴をあける。一口大に切り、Aを揉みこむ。
2. アルミホイルを皿のような形に広げ（四方のふちを立ち上げる）1の皮目を上に並べる。トースターで15分焼く。

ハーブマリネ 先漬けレシピ

材料（2人分）
鶏もも肉…1枚（250g）
塩、コショウ…各少々
A
- マヨネーズ…小さじ1
- 米酢…大さじ1
- ハーブミックス…小さじ1
- ブラックペッパー…少々
- オリーブオイル…大さじ1

作り方
1. 鶏もも肉はフォークでつついて全体に穴をあける。一口大に切り、塩、コショウを振ってAを揉みこむ。
2. アルミホイルを皿のような形に広げ（四方のふちを立ち上げる）1の皮目を上に並べる。トースターで15分焼く。

カレー風味焼き 先漬けレシピ

材料（2人分）
鶏もも肉…1枚（250g）
塩、コショウ…各少々
A ┌ カレー粉…小さじ2
　│ オリーブオイル…大さじ1
　└ にんにく（すりおろし）…小さじ1/2

作り方
1. 鶏もも肉はフォークでつついて全体に穴をあける。一口大に切り、塩、コショウを振ってAを揉みこむ。
2. アルミホイルを皿のような形に広げ（四方のふちを立ち上げる）1の皮目を上に並べる。トースターで15分焼く。

クミングリル 先漬けレシピ

材料（2人分）
鶏もも肉…1枚（250g）
A ┌ 塩…小さじ1/2
　│ コショウ…少々
　│ クミン…小さじ1
　└ レモン汁…小さじ1

作り方
1. 鶏もも肉はフォークでつついて全体に穴をあける。一口大に切り、Aを揉みこむ。
2. アルミホイルを皿のような形に広げ（四方のふちを立ち上げる）1の皮目を上に並べる。トースターで15分焼く。

ナンプラー風味 後漬けレシピ

材料（2人分）
鶏もも肉…1枚（250g）
塩、コショウ…各少々
パクチー…お好みで
A ┌ ナンプラー…大さじ1
　│ レモン汁…小さじ1
　└ 砂糖…小さじ1

作り方
1. 鶏もも肉は一口大に切り、塩、コショウを振る。
2. アルミホイルを皿のような形に広げ（四方のふちを立ち上げる）1の皮目を上に並べる。トースターで15分焼く。
3. 熱いうちにAの調味料にくぐらせる。お好みでパクチーをのせる。

オイスターマヨ絡め 後漬けレシピ

材料（2人分）
鶏もも肉…1枚（250g）
塩、コショウ…各少々
A ┌ オイスターソース…大さじ1
　└ マヨネーズ…大さじ1

作り方
1. 鶏もも肉は一口大に切り、塩、コショウを振る。
2. アルミホイルを皿のような形に広げ（四方のふちを立ち上げる）1の皮目を上に並べる。トースターで15分焼く。
3. 熱いうちにAの調味料にくぐらせる。

さっぱりおいしいむね肉の
ジューシーから揚げバリエ

おつまみといえば、やっぱりから揚げ。
切り方と味に変化をつければ、いろんな味わいに。

鶏むね肉

アンチョビ風味のから揚げ

材料（2人分）
鶏むね肉…1枚（250g）
塩、コショウ…各少々
片栗粉…大さじ3〜4
サラダ油…適量
A ┌ アンチョビフィレ…3枚
　├ にんにく（すりおろし）…小さじ1/2
　└ 酒…小さじ1

作り方
1. アンチョビは包丁で刻む。鶏肉はフォークでつついて全体に穴をあける。一口よりやや小さめに切り、塩とコショウを振って揉み、Aと一緒にビニール袋に入れてさらによく揉みこんでおく。
2. 1のビニール袋に片栗粉を大さじ2入れて振り混ぜ、追加で大さじ1〜2の片栗粉を入れてさらに振り混ぜて全体に粉をまぶす。
3. フライパンに5ミリの深さになるくらいのサラダ油を入れて180度に熱し、2をきつね色になるまで揚げる。

塩から揚げ 🍺🍷

材料（2人分）
鶏むね肉…1枚（250g）
塩…小さじ1/3
コショウ…少々
片栗粉…大さじ3～4
サラダ油…適量
A ┌ マヨネーズ…大さじ1
　│ にんにく（すりおろし）
　│ 　　　　…小さじ1/2
　└ 酒…小さじ1

作り方
1. 鶏肉はフォークでつついて全体に穴をあける。一口よりやや小さめに切り、塩とコショウを振って揉み、Aと一緒にビニール袋に入れてさらによく揉みこんでおく。
2. 1のビニール袋に片栗粉を大さじ2入れて振り混ぜ、追加で大さじ1～2の片栗粉を入れてさらに振り混ぜて全体に粉をまぶす。
3. フライパンに5ミリの深さになるくらいのサラダ油を入れて180度に熱し、2をきつね色になるまで揚げる。

明太スティック 🍺

材料（2人分）
鶏むね肉…1枚（250g）
塩、コショウ…各少々
片栗粉…大さじ3～4
サラダ油…適量
A ┌ 辛子明太子…15g
　│ マヨネーズ…大さじ1
　└ 酒…小さじ1

作り方
1. 鶏肉は皮を外し、フォークでつついて全体に穴をあけ、繊維を断ち切るようにスティック状に切る。塩、コショウを振ってAと一緒にビニール袋に入れ、よく揉みこんでおく。
2. 1のビニール袋に片栗粉を大さじ2入れて振り混ぜ、さらに大さじ1～2を加えて全体に粉をまぶす。
3. フライパンに5ミリの深さになるくらいのサラダ油を入れて180度に熱し、2をきつね色になるまで揚げる。

キムマヨスティック 🍺

材料（2人分）
鶏むね肉…1枚（250g）
塩、コショウ…各少々
片栗粉…大さじ4～5
サラダ油…適量
キムチ…50g
A ┌ マヨネーズ…大さじ1
　│ ごま油…小さじ1
　└ 酒…小さじ1

作り方
1. 鶏肉は皮を外し、フォークでつついて全体に穴をあけ、繊維を断ち切るようにスティック状に切る。キムチは大雑把に刻む。鶏肉に塩、コショウを振ってAとキムチと一緒にビニール袋に入れ、よく揉みこんでおく。
2. 1の袋に片栗粉を大さじ3入れて振り混ぜ、さらに大さじ1～2を追加して全体に粉をまぶす。
3. フライパンに5ミリの深さになるくらいのサラダ油を入れて180度に熱し、2をきつね色になるまで揚げる。

おかか風味のから揚げ 🍺🍶

材料（2人分）
鶏むね肉…1枚（250g）
塩、コショウ…各少々
片栗粉…大さじ3～4
サラダ油…適量
A ┌ しょうゆ…大さじ1
　│ かつおぶし…1パック
　└ 酒…小さじ1

作り方
1. 鶏肉はフォークでつついて全体に穴をあける。一口よりやや小さめに切り、塩とコショウを振って揉み、Aと一緒にビニール袋に入れてさらによく揉みこんでおく。
2. 1のビニール袋に片栗粉を大さじ2入れて振り混ぜ、追加で大さじ1～2の片栗粉を入れてさらに振り混ぜて全体に粉をまぶす。
3. フライパンに5ミリの深さになるくらいのサラダ油を入れて180度に熱し、2をきつね色になるまで揚げる。

鶏チリマヨ 🍺

材料（2人分）
鶏むね肉…1枚（250g）
塩、コショウ…各少々
片栗粉…大さじ2
薄力粉…大さじ1
サラダ油…適量
A ┌ にんにく、生姜（ともに
　│　　すりおろし）…各小さじ1/2
　│ しょうゆ、ごま油、酒
　└　　　　　…各小さじ1
B ┌ マヨネーズ…大さじ1
　└ スイートチリソース…大さじ2

作り方
1. 鶏肉はフォークでつついて全体に穴をあける。一口よりやや小さめに切り、塩とコショウを振って揉み、Aと一緒にビニール袋に入れてさらによく揉みこんでおく。
2. 1のビニール袋に片栗粉と薄力粉を入れて振り混ぜ、全体に粉をまぶす。
3. フライパンに5ミリの深さになるくらいのサラダ油を入れて180度に熱し、2をきつね色になるまで揚げ、Bで和える。

スイートチリスティック 🍺

材料（2人分）
鶏むね肉…1枚（250g）
塩、コショウ…各少々
片栗粉…大さじ3〜4
サラダ油…適量
A ┌ スイートチリソース
　│　　　　…大さじ1
　│ しょうゆ…大さじ1
　└ 酒…小さじ1

作り方
1. 鶏肉は皮を外し、フォークでつついて全体に穴をあけ、繊維を断ち切るようにスティック状に切る。塩、コショウを振ってAと一緒にビニール袋に入れ、よく揉みこんでおく。
2. 1のビニール袋に片栗粉を大さじ2入れて振り混ぜ、さらに大さじ1〜2を加えて全体に粉をまぶす。
3. フライパンに5ミリの深さになるくらいのサラダ油を入れて180度に熱し、2をきつね色になるまで揚げる。

チキン南蛮風 🍺🍷

材料（2人分）
鶏むね肉…1枚（250g）
塩、コショウ…各少々
薄力粉…大さじ2
サラダ油…適量
青ねぎ、マヨネーズ…各適量
A ┌ 砂糖…大さじ1
　│ 米酢…大さじ1
　│ しょうゆ…大さじ1
　└ 水…大さじ1

作り方
1. 鶏肉はフォークでつついて全体に穴をあける。一口よりやや小さめに切り、塩とコショウを振って揉みこむ。
2. 1をビニール袋に入れて薄力粉を入れて振り混ぜ、全体に粉をまぶす。
3. フライパンに5ミリの深さになるくらいのサラダ油を入れて180度に熱し、2を火が通るまで揚げる。
4. Aを耐熱容器に入れてレンジで20秒ほど加熱する。揚げたての3をここに入れる。
5. 器に盛り付け、小口切りにした青ねぎをのせてマヨネーズを絞る。

チーズ風味から揚げ 🍷

材料（2人分）
鶏むね肉…1枚（250g）
塩、コショウ…各少々
片栗粉…大さじ3〜4
サラダ油…適量
A ┌ 粉チーズ…大さじ2
　│ しょうゆ…小さじ1
　└ 酒…小さじ1

作り方
1. 鶏肉はフォークでつついて全体に穴をあける。一口よりやや小さめに切り、塩とコショウを振って揉み、Aと一緒にビニール袋に入れてさらによく揉みこんでおく。
2. 1のビニール袋に片栗粉を大さじ2入れて振り混ぜ、追加で大さじ1〜2の片栗粉を入れてさらに振り混ぜて全体に粉をまぶす。
3. フライパンに5ミリの深さになるくらいのサラダ油を入れて180度に熱し、2をきつね色になるまで揚げる。

ごまから揚げ 🍺

材料（2人分）
鶏むね肉…1枚（250g）
塩、コショウ…各少々
片栗粉…大さじ3～4
サラダ油…適量
A ┌ にんにく、生姜（ともに
　│　すりおろし）…各小さじ1/2
　│ マヨネーズ…大さじ1
　│ オイスターソース…小さじ1
　└ 白ごま…大さじ2

作り方
1. 鶏肉はフォークでつついて全体に穴をあけ、削ぎ切りにする。塩、コショウを振ってAと一緒にビニール袋に入れ、よく揉みこんでおく。
2. 1のビニール袋に片栗粉を大さじ2入れて振り混ぜ、さらに大さじ1～2を加えて全体に粉をまぶす。
3. フライパンに5ミリの深さになるくらいのサラダ油を入れて180度に熱し、2をきつね色になるまで揚げる。

スパイシーチキン 🍺

材料（2人分）
鶏むね肉…1枚（250g）
塩、コショウ…各少々
片栗粉…大さじ3～4
サラダ油…適量
A ┌ カレー粉…大さじ1
　│ しょうゆ…小さじ1
　│ マヨネーズ…大さじ1
　└ にんにく（すりおろし）
　　　　　…小さじ1/2

作り方
1. 鶏肉はフォークでつついて全体に穴をあける。一口よりやや小さめに切り、塩とコショウを振って揉み、Aと一緒にビニール袋に入れてさらによく揉みこんでおく。
2. 1のビニール袋に片栗粉を大さじ2入れて振り混ぜ、さらに大さじ1～2を加えて全体に粉をまぶす。
3. フライパンに5ミリの深さになるくらいのサラダ油を入れて180度に熱し、2をきつね色になるまで揚げる。

甘みそ絡め 🍶

材料（2人分）
鶏むね肉…1枚（250g）
塩、コショウ…各少々
酒…小さじ1
片栗粉…大さじ3～4
サラダ油…適量
A ┌ みそ…大さじ1
　│ はちみつ…大さじ1/2
　└ からし…小さじ1

作り方
1. 鶏肉はフォークでつついて全体に穴をあけ、削ぎ切りにして、塩、コショウ、酒を振ってビニール袋に入れてよく揉みこんでおく。
2. 1のビニール袋に片栗粉を大さじ2入れて振り混ぜ、さらに大さじ1～2を加えて全体に粉をまぶす。
3. フライパンに5ミリの深さになるくらいのサラダ油を入れて180度に熱し、2をきつね色になるまで揚げ、熱いうちにAで和える。

コチュジャンから揚げ 🍺

材料（2人分）
鶏むね肉…1枚（250g）
塩、コショウ…各少々
片栗粉…大さじ3～4
サラダ油…適量
A ┌ コチュジャン…大さじ1
　│ しょうゆ…小さじ1
　└ マヨネーズ…大さじ1

作り方
1. 鶏肉はフォークでつついて全体に穴をあける。一口よりやや小さめに切り、塩とコショウを振って揉み、Aと一緒にビニール袋に入れてさらによく揉みこんでおく。
2. 1のビニール袋に片栗粉を大さじ2入れて振り混ぜ、さらに大さじ1～2を加えて全体に粉をまぶす
3. フライパンに5ミリの深さになるくらいのサラダ油を入れて180度に熱し、2をきつね色になるまで揚げる。

おつまみランクアップ食材
①

How to use cumin?
クミンの使い方

アジアや中東の料理でよく使われるスパイス、クミン。
独特の香りで、一見、家庭の食卓には使いにくそうですが、
実は普通のおかずを一気にエスニックのおつまみ風にしてくれるすぐれもの。
私は大好きで、よく使っています。
食欲を誘う香りなので、野菜にも肉にも魚にも合いますよ。
から揚げの下味やチャーハンの調味料としても使えます。
味にパンチを出したいけれども、匂うのは困る……というような時に私は
よくクミンを使います（イメージとしては
にんにくの替わりとして使うというと分かりやすいかもしれません）。
少しエスニック風になりますが、意外と和の調味料との相性も良く
ビールにもワインにも合う力強い味になります。

トマトのクミンソテー 🍺🍷

材料（2人分）
トマト…小2個（大なら1個）
クミン…小さじ1/2
オリーブオイル…小さじ2
塩…少々

作り方
1. トマトはくし形に切る。
2. フライパンにオリーブオイルとクミンを入れて弱火にかける。クミンからいい香りが立ってきたらトマトを加えてさっと炒め、塩で調味する。

豚ばらのクミン炒め 🍺🍷

材料
豚薄切り肉（ばら肉など）…140g
塩、ブラックペパー…各少々
クミン…小さじ1/2
ごま油…小さじ1

作り方
1. 豚肉は4センチ長さに切り、塩、ブラックペパーを振る。
2. フライパンにごま油とクミンを入れて弱火にかけ、香りが立ってきたら中火にして豚肉を加えて両面こんがりと焼きつける。

＊クミンを使ったレシピは、p.15、p.33、p.37、p.75 にもあります。

第2章
ヘルシー食材で満腹おつまみ

野菜や豆腐、卵などのヘルシー食材が主役なのに
主菜としての存在感もある、嬉しい満腹メニュー。
女性や、ダイエット中のダンナさまにもおすすめのおつまみです。

- シーン別 ヘルシーおつまみ
   ① 女子会向けの華やかメニュー
   ② 減量中のダンナ向け糖質オフメニュー
   ③ 野菜嫌いの子どもも OK 親子で大満足メニュー
- 野菜が主役のヘルシーおつまみ
- 卵が主役の愛されおつまみ
- 豆腐が主役のガッツリおつまみ

女子会向けの華やかメニュー

ワインを飲みながら、ゆっくりおしゃべりを楽しみたい女子会。
そんな時には、ヘルシーで彩りがきれいな
野菜中心のメニュー構成で。

色とりどり野菜の3種ディップ添え

材料（2人分）
お好みの野菜（大根・にんじん・茹でブロッコリー・パプリカなど）

ツナ缶のディップ
ツナ缶…1缶
クリームチーズ（個包装のもの）…2個
塩、コショウ…各少々

作り方
1. クリームチーズはレンジに20秒ほどかけて柔らかくし、油を切ったツナ缶と塩、コショウを加えてよく混ぜる。

みそディップ
みそ、マヨネーズ…各大さじ2
白ごま…適量

作り方
1. みそとマヨネーズを混ぜ、上に白ごまを散らす。

明太豆腐ディップ
辛子明太子…30g
絹ごし豆腐…小1/2丁（100g）
塩、コショウ…各少々

作り方
1. 豆腐は軽く水切りをする。
2. 辛子明太子は皮を外してほぐし、豆腐、塩、コショウと合わせて混ぜる。

きゅうりと梅チーズのサンドウィッチ

材料（2人分）
サンドウィッチ用食パン…2枚
きゅうり…2本
梅肉…大さじ1くらい
スライスチーズ…1枚
マヨネーズ…大さじ1

作り方
1. きゅうりは半分の長さに切って縦に薄切りにする。
2. 食パンにマヨネーズをそれぞれ内側になる面に塗り、片方にきゅうりを並べる。3段くらいに重ねて積み上げ、梅肉を広げる。その上にチーズをのせ、もう片方の食パンを重ねる。ラップで包んでしばらく休ませる。
3. 真ん中にカットし、ワックスペーパーで包む。

甘辛スコップコロッケ

材料（2人分）
合いびき肉…100g
玉ねぎ…1/2個
じゃがいも…2個
塩、コショウ…各少々
A ─ 砂糖、しょうゆ…各大さじ1
B ┌ 牛乳…大さじ3
　 └ ピザ用チーズ…大さじ3
パン粉…大さじ3
オリーブオイル…大さじ1
ケチャップ…適量

作り方
1. じゃがいもはラップに包んでレンジで4分ほど加熱し、串がスッと通るようになったら火傷に気を付けながら皮をむき、熱いうちに潰して塩、コショウを振る。玉ねぎをみじん切りにする。
2. フライパンに合いびき肉を入れて色が変わるまで炒め、玉ねぎを入れてさらに炒める。玉ねぎが柔らかくなってきたら余分な脂を拭き取り、Aを加えてしばらく煮詰め、火を止めて1のじゃがいもとBを加えてよく混ぜる。
3. 耐熱容器に敷き詰め、パン粉とオリーブオイルを混ぜ合わせたものを上に振り掛ける。ケチャップを絞り、トースターで焦げ目がつくまで5分ほど焼く。

減量中のダンナ向け 糖質オフメニュー

炭水化物を控えめにする
「糖質オフダイエット」をする人が増えているとか。
そんなダイエッターにおすすめの大豆製品を
ふんだんに使ったメニュー。お酒も、糖質の少ない
ハイボールや焼酎を選んで。しっかり味でお酒もすすむ！

お豆腐でボリュームアップ！ ヘルシーよだれ鶏

材料（2人分）
絹ごし豆腐…小1丁（200g）
鶏もも肉…1枚（250g）
サニーレタス…2枚
青ねぎ（小口切り）…お好みで
A｜塩、コショウ…各少々
　｜酒…大さじ2
B｜みそ…大さじ1
　｜砂糖…小さじ2
　｜米酢、しょうゆ、豆板醤
　｜　…各小さじ1
　｜にんにく、生姜（ともにすりおろし）
　｜　…各小さじ1/3
　｜ごま油…大さじ1
　｜蒸し汁…大さじ2
　｜すりごま…大さじ1

作り方
1. 豆腐は軽く水切り、食べやすい大きさに切る。サニーレタスは食べやすくちぎって豆腐と一緒に盛り付ける。
2. 鶏肉は厚みを開いて均一にし、フォークで全体をつつく。耐熱容器に入れてAを全体にまぶし、ふんわりとラップをかけてレンジで3分加熱、裏返してさらに1分加熱し、そのままラップを外さずに冷ます。
3. Bを混ぜ合わせてタレを作る。2を切り分けて1に盛り付け、タレをかける。お好みで青ねぎをのせる。

油揚げの キムチーズピザ

材料（2人分）
油揚げ…2枚
キムチ…箸で2つまみ
ピザ用チーズ…1/2カップ

作り方
1. アルミホイルに油揚げをのせ、その上にキムチ、チーズをそれぞれにのせる。
2. トースターで5分ほど焼き、チーズがとろけてこんがりとしてきたら出来上がり。食べやすく切って盛りつける。

粉なしでふわふわ お好み焼き風

材料（1枚分）
キャベツ…2枚
卵…1個
納豆…1パック
青ねぎ（小口切り）…大さじ2くらい
豚薄切り肉（ばら肉）…1枚
サラダ油…少々
お好み焼きソース、マヨネーズ…各適量

作り方
1. キャベツは粗いみじん切りに、豚肉は5センチに切る。
2. ボウルにキャベツと卵、納豆（添付のタレを混ぜたもの）を入れ、菜箸で空気を含ませるように泡立てる。
3. フライパンにサラダ油をひいて熱し、2の生地を流しいれる。形を整えながら（まわりに流れていくのを箸で中央に向かって集めながら）焼き、ある程度生地が固まってきたら豚肉と青ねぎをのせて、ひっくり返す。蓋をして弱火で5分ほど蒸し焼きにし、もう一度ひっくり返してソースやマヨネーズをトッピングする。

野菜嫌いの子どももOK 親子で大満足メニュー

肉も野菜もバランスよく食べてほしいのに、
野菜を食べてくれない子も多いもの。
そんな野菜嫌いの子どもでもおいしく食べられて、
大人はお酒のおつまみとして楽しめる、
ヘルシー飲みおかずのご提案です！

まるごとじゃがいも

材料（2人分）
じゃがいも…2個
塩、コショウ…各少々
バター…40g
粉チーズ…大さじ2

作り方
1. じゃがいもは皮付きのままよく洗い、下を切り離さないよう注意しながら切れ目を入れる。
2. 1を水につけて、軽くふき、耐熱容器に入れてふんわりとラップをかけてレンジで4分ほど加熱する。
3. 塩、コショウを振り掛け、バターをちぎってのせて粉チーズを振り掛ける。
4. トースターで表面がこんがりときつね色になるまで5分ほど焼く。

揚げ焼きサクサクキャベツ

材料（2人分）
キャベツ…2枚
桜えび…大さじ1
塩…少々
薄力粉…大さじ1
サラダ油…適量
A [薄力粉…大さじ6
    水…大さじ5～6]

作り方
1. キャベツは1センチ幅に切り、桜えびと一緒にボウルに入れる。塩と薄力粉を混ぜ、Aを加えて箸でざっくりと混ぜ、全体に衣がまとう程度に調整する。
2. フライパンに5ミリの深さになるくらいのサラダ油を注いで175度に熱し、1をスプーンでまとめながら入れる。片面がカリカリになってきたらすっと裏返し、両面ともカリッと揚げ焼きにする。

餃子味のナスのつくね

材料（2人分）
豚ひき肉…100g
ナス…1本（100g）
ニラ…1/2束
サラダ油…適量
A [生姜（すりおろし）…小さじ1
    塩…小さじ1/3
    しょうゆ…小さじ1
    ごま油…小さじ1
    片栗粉…大さじ2]

作り方
1. ナスは1センチ角に切り、ニラはみじん切りにする。ボウルにひき肉とナス、ニラ、Aを入れて手でこね混ぜ、4等分にする。
2. フライパンにサラダ油をひいて熱し、1の肉だねを並べて焼く。片面が焼けたら裏返して弱火にし、蓋をして4分ほど蒸し焼きにする。

野菜が主役の
ヘルシーおつまみ

副菜っぽいイメージの野菜を、どどーんと、
メイン料理っぽく出せるレシピ！ お酒もごはんもすすみます。

大根の生クリームグラタン

材料（2人分）
大根…200g
茹でブロッコリー…4個くらい（なければ大根を300gにしても）
A[みそ…大さじ1
　 生クリーム…100cc]

作り方
1. 大根は1センチ厚さのいちょう切りにし、プラスティック耐熱容器に入れてふんわりとラップをかけ、レンジで5分加熱する。
2. 1の水気を捨てて陶製の耐熱容器に入れる。ブロッコリーも一緒に入れる。Aを混ぜ合わせたものを上から注ぎ、トースターで10分ほど焼く。
＊生クリームはマヨネーズ大さじ3に変えてもおいしい。

大根のから揚げ

材料（2人分）
大根…200g
片栗粉…大さじ3〜4
サラダ油…適量
塩…少々
A［しょうゆ…小さじ1
　生姜、にんにく（ともにすりおろし）…各小さじ1/4］

作り方
1. 大根は乱切りにする。耐熱容器に入れてふんわりとラップをかけ、レンジで3分加熱する。
2. 出てきた水分を捨て、Aを絡める。ビニール袋に片栗粉とともに入れて振り混ぜ、全体に粉をまぶす。
3. フライパンに5ミリの深さになるくらいのサラダ油を注いで170度に熱する。2の大根を1つずつ入れてきつね色になるまで揚げ焼きにし、バットに取り出して熱いうちに塩を振る。

ほうれん草と牛肉のガーリックお浸し

材料（2人分）
ほうれん草…1/2束
牛薄切り肉…100g
にんにく…1かけ
ごま油…適量
A［からし…小さじ1
　しょうゆ…小さじ1］

作り方
1. 牛肉は食べやすい長さに切る。にんにくは薄切りにする。鍋に湯を沸かす。
2. ほうれん草は熱湯で茹でて冷水に取り、水気を絞って4センチ長さに切る。同じ湯で1の牛肉の色が変わるまで茹で、冷水に取って水気を拭く。
3. にんにくとごま油をフライパンに入れて火にかけ、きつね色になったら火からおろす。ボウルにAと2の牛肉、ほうれん草を入れて和える。器に盛り付け、にんにくとごま油をかける。

ほたて缶と白菜のバター蒸し

材料（2人分）
白菜…1/8個
ほたて缶…小1缶
塩…小さじ1/3
バター…10g
ブラックペパー…少々

作り方
1. 白菜はざく切りにする。
2. 耐熱容器に1の白菜とほたて缶（汁もすべて使う）、塩を入れてバターをのせる。ふんわりとラップをかけレンジで4分加熱する。食べる前にブラックペパーを振る。

じゃがいもと牛肉の塩バター蒸し

材料（2人分）
じゃがいも…2個（200g）
牛薄切り肉…100g
ごま油…大さじ1
バター…5g
ブラックペパー…少々
A［水…200cc
　酒…大さじ1
　塩…小さじ1/2］

作り方
1. じゃがいもは一口サイズに切って水にさらす。牛肉は食べやすい長さに切る。
2. 鍋にじゃがいもを入れてごま油を回しかけ、火にかける。軽く炒めて全体に油が回ったらAを加えて煮立て、牛肉をばらばらにしながら入れる。
3. あくをすくい、じゃがいもに火が通るまで7分ほど煮る。
4. 煮汁が少なくなるまで煮詰め、仕上げにバターを入れて溶かす。器に盛り付け、ブラックペパーを振る。

トマトと新玉ねぎの和風サラダ

材料（2人分）
トマト…2個
サラダ用玉ねぎ（新玉ねぎ、紫玉ねぎなど）…1/2個
大葉…2枚
クリームチーズ（個包装のもの）…1個
ブラックペパー…お好みで
A ┌ しょうゆ…小さじ2
　└ レモン汁、メイプルシロップ…各小さじ1

作り方
1. トマトは輪切りにして皿に並べる。玉ねぎは繊維に逆らうようにスライスしてAを絡める。クリームチーズはさいの目に、大葉は1センチ角くらいに切る。
2. トマトの上にクリームチーズと大葉を散らし、1の玉ねぎをのせる。お好みでブラックペパーを振る。

じゃがいものカリカリチーズガレット

材料（2人分）
じゃがいも…2個（200g）
塩…小さじ1/2
片栗粉…大さじ3
スライスチーズ…2枚
サラダ油…少々

作り方
1. じゃがいもは千切りにし、ボウルに入れて塩と片栗粉を混ぜる。
2. フライパンにサラダ油をひいて熱し、1を丸く広げる。蓋をして5分ほど蒸し焼きにし、チーズをのせてひっくり返す。
3. 蓋をしてさらに3、4分ほど蒸し焼きにする。ひっくり返し、2分ほど水分を飛ばすために軽く焼き、器に盛り付ける。

きのこのアンチョビオイル蒸し

材料（2人分）
まいたけ、しめじ…各1/2パック（どちらか片方だけでも。その場合は倍量）
アンチョビフィレ…3枚
にんにく…1/2かけ
オリーブオイル…大さじ2
パセリ（みじん切り）…お好みで

作り方
1. まいたけとしめじはそれぞれ石づきを切り落として小房に分ける。アンチョビとにんにくは刻む。
2. 耐熱容器に1とオリーブオイルを入れてふんわりラップをかけレンジで4分加熱する。お好みでパセリを振る。

ブロッコリーとシーフードのとろとろ中華煮

材料（2人分）
ブロッコリー…1/2株
シーフードミックス…100g
A ┌ 水…100cc
　│ 酒…大さじ1
　└ 塩…小さじ1/2
生姜（すりおろし）…小さじ1
ごま油…小さじ1
水溶き片栗粉…適量

作り方
1. ブロッコリーは小房に分ける。茎はスティック状に切る。
2. 鍋に1のブロッコリーとシーフードミックス、Aを入れて蓋をして火にかける。煮立ったら火を少し弱めて2、3分ほど加熱する。
3. ブロッコリーに火が通ったら、生姜とごま油を加え、水溶き片栗粉でとろみをつける。

チンゲン菜とほたて缶の
オイスターソースがけ

材料（2人分）
チンゲン菜…2株
ほたて缶…小1缶
A ┌ 塩…小さじ1/2
　├ ごま油…大さじ1
　└ 酒…大さじ1
オイスターソース…小さじ2

作り方
1. チンゲン菜は食べやすい長さに切る。
2. 耐熱容器に1のチンゲン菜とほたて缶（汁ごと使用）とAを入れてふんわりラップをかけレンジで4分加熱する。器に盛り付け、オイスターソースをかける。

大根の肉みそのっけ

材料（2人分）
大根…4センチ
鶏ひき肉…80g
マヨネーズ…適量
七味、青ねぎ…お好みで
A ┌ みりん…大さじ1
　├ しょうゆ、みそ…各小さじ1
　├ 水…大さじ1
　└ すりごま…小さじ1

作り方
1. 大根は皮をむいて2センチの輪切りにし、面取りする。水にくぐらせて耐熱容器に入れ、ふんわりとラップをかけてレンジで5分加熱する。
2. 小鍋に鶏ひき肉とAを入れて火にかけ、かき混ぜながら加熱する。汁けが半分くらいになるまで煮詰め、火を止める。
3. 1の大根を器に盛り、2をのせ、マヨネーズを絞る。お好みでねぎや七味を添える。

じゃがいもとイカののりマヨ炒め

材料（2人分）
じゃがいも…2個（200g）
冷凍ロールイカ…100g
マヨネーズ…大さじ1強
A ┌ あらびきガーリック…少々
　├ しょうゆ…大さじ1/2
　└ 青のり…小さじ1

作り方
1. じゃがいもはスティック状に切って水にさらし、耐熱容器に入れてふんわりとラップをかけ、レンジで2分加熱する。
2. イカは解凍して表面に格子目を入れ、3センチ角に切る。
3. フライパンに2のイカとマヨネーズを入れて火にかける。イカが温まってきたら1のじゃがいもの水気を切って入れ、水分が無くなるまで炒める。
4. 焦げ目がついてきたらAで味を調える。

春菊のかき揚げ

材料（2人分）
春菊…1束
桜えび…大さじ2
薄力粉…大さじ5
水…大さじ3
サラダ油…適量
塩…適量

作り方
1. 春菊は4センチに切る。ボウルに春菊と桜えび、薄力粉を入れて菜箸で混ぜ、水を加えてさらに箸で混ぜる。
2. フライパンに5ミリくらいの深さになるようサラダ油を注ぎ、180度に温める。1を箸でひとつまみくらいずつ落とし、両面カリッとなるまで揚げ焼きにする。器に盛り付け、塩を添える。

53

卵が主役の愛されおつまみ

卵が嫌いな人はあまりいないのでは？
見た目も、味も、栄養価も◎だから！

明石焼き風だし巻き

材料（2人分）
卵…2個
茹でだこ…30g
青ねぎ（小口切り）…1/4束
サラダ油…適量
A ┌ 塩…ひとつまみ
　│ かつおぶし…1/2パック
　│ 紅生姜…箸でひとつまみ
　└ 水…大さじ1

作り方
1. たこはぶつ切りにする。ボウルに卵を割り入れ、Aを加えてよく混ぜる。
2. 玉子焼き器にサラダ油をひいて熱し、1の卵液を1/3量流し入れる。1のたこをのせ、端から巻く。残りの卵液も1/3量ずつ流し入れ、半熟になったら端から巻く、を繰り返す。
3. 食べやすく切り分け、皿に盛り付ける。たっぷりの青ねぎをのせる。

揚げ卵のスイートチリソース

材料（2人分）
卵…2個
サラダ油…適量
スイートチリソース…大さじ1
青ねぎ（小口切り）…お好みで

作り方
1. フライパンにやや多めのサラダ油を熱し、卵を静かに割り入れる。白身が固まってくるまで加熱したらそっと取り出す。
2. 器に盛り付け、スイートチリソースをかける。お好みで青ねぎをあしらう。

きのこのキッシュ風

材料（2人分）
卵…2個
しめじ…100g
ベーコン…50g
クリームチーズ（個包装のもの）…2個
スライスチーズ…1枚
ブラックペパー…少々
A ┌ マヨネーズ…大さじ1
　│ 牛乳…100cc
　└ 塩…小さじ1/3

作り方
1. しめじは石づきを取って小房に分ける。ベーコンは細く切る。クリームチーズはさいの目に切る。ボウルに卵を割り入れ、Aを加えてよく混ぜる。
2. 耐熱容器にしめじを入れてベーコンをのせ、ふんわりとラップをかけてレンジで2分加熱する。1の卵液を流し入れ、クリームチーズを散らす。ふんわりとラップをかけてレンジで3分加熱し、取り出していったんかきまぜ、スライスチーズを表面にのせてブラックペパーを振り、1分加熱する。
3. 粗熱が取れたら器から出して切り分ける。

ニラ豚玉

材料（2人分）
卵…2個
ニラ…1束
豚薄切り肉…100g
マヨネーズ…大さじ1
しょうゆ…小さじ1
ごま油…大さじ1

作り方
1. ニラと豚肉はそれぞれ4センチに切る。卵はボウルに割りいれ、マヨネーズを入れてよく溶き混ぜる。
2. フライパンにごま油をひいて熱し、1の卵液を流しいれて大きくかき混ぜる。半熟になったらボウルに戻す。
3. 空いたフライパンに豚肉を入れて色が変わるまで炒め、しょうゆを加えて火を止める。ニラを加えて余熱で合わせ、器に盛り付ける。2の半熟卵をのせる。

ほたてのだし巻き卵

材料（2人分）
卵…2個
ほたて缶…小1缶
サラダ油…少々
青ねぎ（小口切り）…2本
大根（すりおろし）…2センチ分
A ┌ マヨネーズ…大さじ1
  │ 塩…ひとつまみ
  └ しょうゆ…小さじ1

作り方
1. ボウルに卵を割りいれ、ほたて缶を汁ごと全部入れる。Aと青ねぎを入れてよくかき混ぜる。
2. 玉子焼き器にサラダ油をひいて熱し、1の卵液を1/3量流しいれて端から巻く。これを3回繰り返す。
3. 食べやすい大きさに切って盛り付け、大根おろしを添える。

かにカマと卵のとろとろ煮

材料（2人分）
卵…2個
かにカマ…1パック
片栗粉…大さじ1
ごま油…大さじ1
青ねぎ（小口切り）
　…お好みで

A ┌ 水…100cc
  │ 塩…小さじ1/2
  │ 酒…小さじ2
  └ しょうゆ…小さじ1

作り方
1. 卵はボウルに割りいれて溶いておく。かにカマはほぐす。
2. 鍋にAを煮立て、1のかにカマを入れる。片栗粉を倍量の水（分量外）で溶いて流しいれ、とろみをつけ、ごま油を回しいれる。
3. 1の卵を流しいれ、大きくかき混ぜて半熟状になったら火を止める。お好みで青ねぎをそえる。

トンペイ焼き

材料（2人分）
卵…2個
豚薄切り肉（ばら肉など）…2枚
青ねぎ（小口切り）…1/4束
サラダ油…少々
塩、コショウ…各少々
お好み焼きソース、マヨネーズ…各適量

A ┌ かつおぶし…1/2パック
  │ 塩…少々
  └ しょうゆ…小さじ1

作り方
1. 卵はボウルに割りいれ、Aを加えてよく溶いておく。
2. 豚肉は3センチに切る。フライパンを熱して豚肉を炒め、こんがりしてきたら塩、コショウを振って皿に取る。
3. 空いたフライパンはキッチンペーパーで軽く拭いてサラダ油をひいて温める。1の卵液を一気に流しいれ、菜箸で大きくかき混ぜ、半熟になったら2の豚肉を並べ、青ねぎを1/2量のせ、半分に折りたたむようにして形を整える。
4. 器に盛り付け、お好み焼きソース、マヨネーズを絞る。残りの青ねぎをトッピングする。

豆腐が主役の
ガッツリおつまみ

豆腐や油揚げなどの大豆製品をコクウマ味で。
糖質オフ中の方にもおすすめのおつまみです。

豆腐のおかかステーキ

材料（2人分）
豆腐…小1丁（200g）
塩、コショウ…各少々
薄力粉…大さじ4
かつおぶし…1パック
ごま油…大さじ1
しょうゆ…小さじ1
青ねぎ（小口切り）…お好みで

作り方
1. 豆腐は1センチの厚みに切り、キッチンペーパーに包んで軽く水切りをする。
2. 1に塩、コショウを振る。バットにかつおぶしと薄力粉を入れて混ぜ、豆腐を入れて表面にまぶす。
3. フライパンにごま油をひいて熱し、2を並べて焼く。片面が焼けたら裏返し、両面きつね色になるまで焼く。火を止め、しょうゆを回しかける。器に盛り付け、お好みで青ねぎをのせる。

カリカリ豚のっけ冷奴

材料（2人分）
絹ごし豆腐…小1丁（200g）
豚薄切り肉（ばら肉など）…100g
塩、ブラックペパー…各少々
青ねぎ（小口切り）…お好みで
A ┌ わさび…小さじ1/2
　└ しょうゆ…小さじ1

作り方
1. 豆腐は食べやすく切って器に盛る。
2. 豚肉は4センチに切ってフライパンに入れ、カリカリになるまでよく焼き、塩、ブラックペパーを振る。
3. 2にAを絡め、1の豆腐の上にのせる。お好みで青ねぎをのせる。

豆腐の明太子煮

材料（2人分）
絹ごし豆腐…小1丁（200g）
辛子明太子…50g
水溶き片栗粉…適量
青ねぎ（小口切り）…お好みで
A ┌ 水…200cc
　│ 酒…大さじ1
　└ 白だし…小さじ2

作り方
1. 鍋にAを入れ、食べやすく切った豆腐を入れて温める。
2. 煮立ったら辛子明太子を入れて箸でほぐしながら加熱し、水溶き片栗粉でとろみをつける。お好みで青ねぎをのせる。

厚揚げの
キムチーズのっけ焼き

材料（2人分）
厚揚げ…小1丁（150g）
キムチ…50g
スライスチーズ…1枚
マヨネーズ…適量
青ねぎ（小口切り）…お好みで

作り方
1. 厚揚げは半分の厚みに切り、アルミホイルに並べる。
2. キムチとスライスチーズをのせ、その上にマヨネーズを絞り、トースターで焦げ目がつくまで焼く。お好みで青ねぎをのせる。

春菊のお揚げまきまき

材料（2人分）
油揚げ…1枚
春菊…1/2束
しょうゆ…少々

作り方
1. 春菊は根元を切りおとす。
2. 油揚げは3辺を切って1枚に広げ、正方形にする。この上に春菊をのせてしっかりと巻き、巻き終わりを楊枝で留める。
3. フライパンを熱し、1の油揚げをのせて全面を焼く。
4. 食べやすい大きさに切って盛り付け、おしょうゆでいただく。

厚揚げの甘辛わさび

材料（2人分）
厚揚げ…小1丁（150g）
玉ねぎ…1/2個
ごま油…小さじ1
わさび…適量
A ┌ 砂糖…小さじ1
　└ みりん、しょうゆ…各大さじ1

作り方
1. 厚揚げは食べやすい大きさに切る。玉ねぎはくし形に切る。
2. フライパンにごま油をひいて熱し、1の厚揚げと玉ねぎを炒める。
3. Aを回しかけて汁けがなくなるまで照りよく煮絡め、火を止める。わさびを加えて全体を混ぜ、器に盛り付ける。

油揚げのみそマヨねぎピザ

材料（2人分）
油揚げ…2枚
マヨネーズ、みそ…各大さじ1
粉チーズ…適量
青ねぎ（小口切り）…1/2束

作り方
1. 油揚げは斜めに二等分に切る。
2. マヨネーズとみそを混ぜ合わせて油揚げに塗り、青ねぎをたっぷりのせる。粉チーズを振り掛ける。
3. ホイルにのせてトースターで表面がこんがりしてくるまで焼く。

厚揚げのオイスターマヨ炒め

材料（2人分）
厚揚げ…小1丁（150g）
長ねぎ…1本
ごま油…大さじ1
七味…お好みで
A ┌ オイスターソース…大さじ1
　└ マヨネーズ…大さじ1

作り方
1. 厚揚げは食べやすい大きさに切る。長ねぎは斜めに切る。
2. フライパンにごま油をひいて熱し、1の厚揚げと長ねぎを炒める。全体に油が回って長ねぎがしんなりしたらAを加えて調味料がなじむまで炒めて皿に盛る。お好みで七味を振る。

納豆と梅風味の長いも詰め焼き

材料（2人分）
油揚げ…1枚
納豆…1パック
長いも…20g
梅肉…小さじ2

作り方
1. 長いもは千切りにし、梅肉と和える。納豆は付属のタレを混ぜておく。
2. 油揚げは半分に切って中を袋状に開ける。
3. 1の長いもと納豆を詰め、楊枝で留める。これを2つ作る。
4. フライパンに3を並べて両面こんがりと焼く。食べやすく半分に切って盛り付ける。

油揚げとキャベツのみそバター炒め

材料（2人分）
油揚げ…2枚
キャベツ…3、4枚
バター…10g
みそ…大さじ1

作り方
1. キャベツは2センチ幅に切る。油揚げは3センチ角くらいに切る。
2. フライパンに油揚げを並べて両面こんがりと焼き付け、端に寄せてキャベツを加える。
3. キャベツがしんなりしてきたら全体を混ぜ合わせ、バターとみそを加えて全体に絡める。

おつまみランクアップ食材
②

How to use anchovy?
アンチョビの使い方

イタリア料理などでよく出てくるアンチョビは、カタクチイワシを塩漬けにした発酵食。
独特の旨みと強い塩けがあり、少量でも加えると、
どんなお料理もワインに合うつまみに変わります（笑）。
使い方のイメージとしては、ベーコンなどと似ていますね。
塩けやコクをアップしたい時に便利なので
味や香りの強い食材よりは、キャベツ、じゃがいも、にんじん、お豆腐など、
淡泊な味の食材と合わせて使うと、その持ち味を発揮します。
かたまりで使うとしょっぱすぎるので細かく刻み、入れすぎに注意して使ってください。

アンチョビトマト冷奴 🍷

材料（2人分）
アンチョビフィレ…4枚
ミニトマト…6個
絹ごし豆腐…200g
ブラックペパー…少々
オリーブオイル…小さじ2

作り方
1. アンチョビは細かく刻む。トマトも粗く刻み、アンチョビと混ぜ合わせる。
2. 軽く水切りをした豆腐を盛り、1をのせる。ブラックペパーを振り、オリーブオイルをかける。

キャベツのアンチョビサラダ 🍷

材料（2人分）
アンチョビフィレ…3枚
キャベツ…2枚
あらびきガーリック…少々
オリーブオイル…大さじ1

作り方
1. キャベツは大きくざく切りにする。アンチョビは刻む。
2. ボウルに1のキャベツとアンチョビ、あらびきガーリックを入れる。
3. 小さめのフライパンでオリーブオイルを熱し、2にかけてざっくりと和える。

＊アンチョビを使ったレシピは、p.26、p.38、p.52、p.65、p.83 にもあります。

第3章
野菜一品だけの秒速おつまみ

野菜が一品しかない！　そんな時でも、ささっと作れる
小さな野菜のおつまみ約70レシピ。
作っておけば2秒で出せる肉や野菜の作りおきもご紹介。

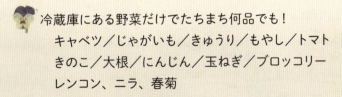

冷蔵庫にある野菜だけでたちまち何品でも！
キャベツ／じゃがいも／きゅうり／もやし／トマト
きのこ／大根／にんじん／玉ねぎ／ブロッコリー
レンコン、ニラ、春菊

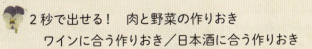

2秒で出せる！　肉と野菜の作りおき
ワインに合う作りおき／日本酒に合う作りおき

冷蔵庫にある野菜だけで
\\たちまち//
何品でも！

にんじんだけ！

にんじんとフライドオニオンのさっぱりサラダ

材料（2人分）
にんじん…1本
フライドオニオン…大さじ1
A ┃ 塩…小さじ1/2
　┃ レモン汁…大さじ1
　┃ オリーブオイル…大さじ1
　┃ あらびきガーリック…少々
　┗ ブラックペッパー…少々

作り方
1. にんじんは千切りにしてボウルに入れる。
2. 1のボウルにフライドオニオンとAを加えてざっくりと混ぜ合わせ、ピッタリとラップをかけてしんなりするまで10分ほどなじませておく。

さつまいもだけ！

スティックさつまいものガーリックバター炒め

材料（2人分）
さつまいも…1本
サラダ油…少々
A ┃ バター…20g
　┃ 塩…少々
　┃ 砂糖…小さじ1
　┃ しょうゆ…大さじ1
　┗ あらびきガーリック…少々

作り方
1. さつまいもはスティック状に切り、水にさらしてざるにあける。
2. 1のさつまいもをフライパンに入れ、サラダ油を回しかけて火にかける。時折かき混ぜながら全体に火が通るまで炒めたら、余分な油をキッチンペーパーで拭き取る。
3. Aを加えて全体に絡める。

きのこだけ！

きのこの明太マヨ炒め

材料（2人分）
エリンギ…3本
ごま油…小さじ2
塩…少々
A ┃ マヨネーズ…大さじ1
　┗ 辛子明太子（ほぐす）…30g

作り方
1. エリンギはスティック状に切る。
2. フライパンに1とごま油、塩を入れて火にかけ、蓋をして蒸し焼きにする。
3. しんなりしてきたらAを加えてすぐに火を止め、全体に絡める。

ナスだけ！
ナスのマヨポン 🍺

材料（2人分）
ナス…大1本
マヨネーズ、ポン酢…各大さじ1

作り方
1. ナスは1センチの厚みの輪切りにする。水につけてギュッと絞る。
2. フライパンにマヨネーズと1のナスを入れて火にかける。しんなりするまで炒め、ポン酢を加えて水分を飛ばしながら炒める。

トマトだけ！
トマトの甘酢和え

材料（2人分）
トマト…小2、3個
青ねぎ（小口切り）…少々
生姜（千切り）…1かけ
A ┌ メイプルシロップ…大さじ1
　├ 塩…小さじ1/2
　└ 米酢…大さじ1

作り方
1. トマトはくし形に切る。
2. ボウルに、トマトと青ねぎと生姜とAを入れて混ぜる。

レンコンだけ！
レンコンの炒めマリネ 🍷

材料（2人分）
レンコン…160g
オリーブオイル…小さじ2
A ┌ 白だし、米酢…各大さじ1
　└ あらびきガーリック…少々

作り方
1. レンコンは皮をむいて5ミリ幅に切り、水にくぐらせて水気を切る。
2. フライパンに1のレンコンとオリーブオイルを入れ、蓋をして火にかける。半透明になってくるまで蒸し炒めにする。
3. Aを加えて火を止め、冷めるまでおく。

定番野菜一品だけでできるおつまみ 61

Cabbage
キャベツ
生でも加熱しても！
万能おつまみ素材

煮びたし

材料（2人分）
キャベツ…2枚
油揚げ…1枚
A ┌ 白だし…大さじ1
　└ 水…100cc

作り方
1. キャベツは一口サイズに切り、油揚げは食べやすい大きさに切る。
2. 耐熱容器に 1 を入れ、A を加えてふんわりとラップをかけレンジで 3 分加熱する。

キャベツと桜えびの
ガーリックマヨソテー

材料（2人分）
キャベツ…2枚
マヨネーズ…大さじ1
桜えび…大さじ1
あらびきガーリック…少々
塩…少々

作り方
1. キャベツは一口サイズに切る。
2. フライパンにマヨネーズを入れて火にかけ、マヨネーズが溶けてきたらキャベツを加えて炒める。
3. 桜えびとあらびきガーリックを加えて全体がしんなりしてきたら塩少々で味を調える。

とりあえずの
おつまみキャベツ

材料（2人分）
キャベツ…2枚
青ねぎ（小口切り）…大さじ1
A ┌ 塩…少々
　│ ごま油…小さじ1
　│ 白ごま…小さじ1
　└ あらびきガーリック…小さじ1/2

作り方
1. キャベツは一口サイズに切り、ボウルに入れる。
2. 青ねぎと A を加えてざっくりと混ぜ合わせる。

キャベツの
ソースマヨ焼きサラダ

材料（2人分）
キャベツ…2枚
お好み焼きソース、マヨネーズ、青のり、紅生姜…各適量

作り方
1. キャベツは 3 センチ角に切る。
2. 耐熱容器にキャベツをぎっしり詰め、お好み焼きソースとマヨネーズを絞り、トースターで 3 分ほど加熱する。表面のマヨネーズが焦げてきたら、青のりと紅生姜を振り掛ける。

ツナ缶とキャベツの
温サラダ

材料（2人分）
キャベツ…2枚
ツナ缶…1/2缶
A ┌ 塩…少々
　│ しょうゆ…小さじ1
　│ ごま油…小さじ1
　└ からし…少々

作り方
1. キャベツは一口大のざく切りにして耐熱容器に入れる。ツナ缶の油を軽く切って加え、ふんわりとラップをかける。
2. レンジで 1 分半加熱し、A で調味する。

Potato
じゃがいも

お腹にもたまる
大人気食材

キムチ入りポテサラ

材料（2人分）
じゃがいも…2個（200g）
塩…少々
キムチ…30g
マヨネーズ…大さじ1と1/2
ブラックペパー…少々

作り方
1. じゃがいもは皮をむいて一口サイズに切り、水にくぐらせる。耐熱容器に入れて塩を振り、ふんわりとラップをかけてレンジで3分加熱する。
2. 串がスッと通るようになったらフォークでつぶし、キムチとマヨネーズ、ブラックペパーを混ぜる。

じゃがいものナムル

材料（2人分）
じゃがいも…2個（200g）
塩…ひとつまみ
A ┌ 青ねぎ（小口切り）…大さじ1
　├ しょうゆ…小さじ1
　├ ごま油…小さじ1
　└ あらびきガーリック…少々

作り方
1. じゃがいもは皮をむいて1センチ角くらいのスティック状に切り、水にくぐらせる。耐熱容器に入れて塩を振り、ふんわりとラップをかけてレンジで3分加熱する。
2. 串がスッと通るようになったらAで和える。

青のりとチーズの
ポテトボール

材料（2人分）
じゃがいも…2個（200g）
塩…ひとつまみ
青のり…ひとつまみ
ピザ用チーズ…大さじ2
コショウ…少々
オリーブオイル…大さじ1

作り方
1. じゃがいもは皮をむいて一口サイズに切り、水にくぐらせる。耐熱容器に入れて塩を振り、ふんわりとラップをかけてレンジで3分加熱する。
2. 串がスッと通るようになったらフォークでつぶし、熱いうちにピザ用チーズと青のり、コショウを混ぜて丸める。
3. 耐熱皿に並べ、オリーブオイルを表面にかけて、トースターで3分ほど焼く。

千切りじゃがいもの
ソムタム風

材料（2人分）
じゃがいも…2個（200g）
塩…少々
パクチー…お好みで
A ┌ スイートチリソース…小さじ2
　├ ナンプラー…小さじ1
　└ 米酢…小さじ1

作り方
1. じゃがいもは皮をむいて千切りにし、水にくぐらせる。耐熱容器に入れて塩を振り、ふんわりとラップをかけてレンジで2分半くらい加熱し、水で洗って水けをきる。
2. 1とAを和える。お好みでパクチーなどを添える。

トースターで
おつまみポテト

材料（2人分）
じゃがいも…2個（200g）
塩…少々
あらびきガーリック…少々
オリーブオイル…大さじ1
ドライパセリ…お好みで

作り方
1. じゃがいもは皮をむいてくし形に切り、水にくぐらせる。耐熱皿に入れて塩を振り、ふんわりとラップをかけてレンジで3分加熱する。
2. 串がスッと通るようになったらあらびきガーリックとオリーブオイルを振り掛け、ラップをせずにトースターに入れて3分ほど焼く。焼きあがったらお好みでドライパセリを振る。

63

Cucumber
きゅうり
"とりあえず"の代表的おつまみ

きゅうりとベーコンのさっと炒め

材料（2人分）
きゅうリ…1本
ベーコン…50g
オリーブオイル…少々
しょうゆ…小さじ1
ブラックペパー…少々

作り方
1. きゅうりは斜めに切り、ベーコンは食べやすく切る。
2. フライパンにオイルをひいてベーコンを炒め、きゅうりを加えてさっと炒めたら、しょうゆとブラックペパーで調味する。

きゅうりにアツアツのごま油

材料（2人分）
きゅうリ…1本
あらびきガーリック…小さじ1/2
しょうゆ…小さじ1
ごま油…大さじ1

作り方
1. きゅうりは乱切りにしてボウルに入れ、あらびきガーリックとしょうゆをまぶす。
2. 小鍋にごま油を熱し、煙が出てきたら火を止めて、1のボウルに一気に流しいれて和える。

きゅうりののり和え

材料（2人分）
きゅうリ…1本
のり…1枚
塩…少々
ごま油…小さじ2
白ごま…お好みで

作り方
1. きゅうりは小口切りにして塩を振って少しおく。しんなりしてきたらギュッと絞る。
2. のりをちぎって1のボウルに入れ、ごま油を加えて和える。お好みでごまを振る。

きゅうりの豆板醤和え

材料（2人分）
きゅうリ…1本
A ─ 豆板醤、砂糖、しょうゆ、ごま油
　　　　　　　　　　…各小さじ1

作り方
1. きゅうりはスティック状に切り、Aで和える。

きゅうりとクリームチーズのハーブサラダ

材料（2人分）
きゅうリ…1本
クリームチーズ（個包装のもの）…2個
A ┌ 塩…少々
　│ レモン汁…小さじ1
　│ ハーブミックス…小さじ1/2
　└ あらびきガーリック…少々

作り方
1. きゅうりは1センチ幅に切る。クリームチーズはさいの目に切る。
2. 1をボウルに入れ、Aを加えて和える。

Sprout
もやし
安くて栄養価も◎
しかもおいしい！

もやしの中華風サラダ

材料（2人分）
もやし…1/2 袋
乾燥カットわかめ…大さじ 1
ハム（細切り）…2 枚分
A ┌ 砂糖、米酢…各小さじ 1
　├ 塩…ひとつまみ
　└ すりごま…小さじ 1

作り方
1. もやしは耐熱容器に入れてふんわりとラップをかけ、レンジで 2 分加熱する。
2. 余分な水分を捨て、熱いうちにカットわかめを加えて A で和える。粗熱が取れたらハムを加える。

アンチョビもやし

材料（2人分）
もやし…1/2 袋
アンチョビフィレ…2 枚
オリーブオイル…大さじ 1
あらびきガーリック…少々
鷹の爪（輪切り）…1/2 本分
塩、ブラックペッパー…各少々

作り方
1. アンチョビは細かく刻む。
2. フライパンにオリーブオイルと鷹の爪、アンチョビを入れて火にかける。油が温まってきたらもやしを入れてさっと炒め、あらびきガーリック、塩、ブラックペッパーを振る。

もやしのピリ辛和え

材料（2人分）
もやし…1/2 袋
ピーナッツ（粗く刻む）…大さじ 2
A ┌ 豆板醤、砂糖、しょうゆ、米酢
　│　　　　　　　　…各小さじ 1
　└ あらびきガーリック…少々

作り方
1. もやしは耐熱容器に入れてふんわりとラップをかけ、レンジで 2 分加熱する。
2. 1 の余分な水分を捨て、ピーナッツと A で和える。

もやしのナンプラーナムル

材料（2人分）
もやし…1/2 袋
A ┌ 桜えび…大さじ 1
　├ ナンプラー…小さじ 1
　└ ブラックペッパー…少々

作り方
1. もやしは耐熱容器に入れてふんわりとラップをかけ、レンジで 2 分加熱する。
2. 余分な水分を捨て、A で和える。

もやしのおかか和え

材料（2人分）
もやし…1/2 袋
A ┌ かつおぶし…1 パック
　└ めんつゆ…小さじ 2

作り方
1. もやしは耐熱容器に入れてふんわりとラップをかけ、レンジで 2 分加熱する。
2. 余分な水分を捨て、A で和える。

Tomato
トマト

思いがけない
組み合わせが◎

トマトの塩昆布和え

材料（2人分）
トマト…1個
塩昆布…大さじ1
ごま油…小さじ1

作り方
1. トマトは3センチ角に切る。
2. ボウルにトマトと塩昆布、ごま油を入れて和える。

トマトキムチ

材料（2人分）
トマト…1個
キムチ…50〜70g
クリームチーズ（個包装のもの）…1個
ごま油…小さじ1
青ねぎ…あれば

作り方
1. トマトは3センチ角に切る。クリームチーズは1センチ角に切る。
2. ボウルに 1 を入れてキムチとごま油を加えて和える。あれば青ねぎを飾る。

トマトのねぎまみれ

材料（2人分）
トマト…1個
青ねぎ（小口切り）…大さじ2
A ┌ 塩…少々
　│ ごま油…小さじ1
　│ にんにく（すりおろし）…小さじ1/4
　└ すりごま…小さじ2

作り方
1. トマトは3センチ角に切る。
2. ボウルに 1 と青ねぎ、A を入れて和える。

トマトの粉チーズ焼き

材料（2人分）
トマト…1個
ハーブソルト、粉チーズ…各適量

作り方
1. トマトは1センチの厚みの半月に切る。
2. アルミホイルに 1 をのせ、ハーブソルトと粉チーズを振り掛ける。
3. トースターで表面がカリッとなるまで3分ほど焼く。

トマトとクリームチーズ のおかか和え

材料（2人分）
トマト…1個
クリームチーズ（個包装のもの）…1個
A ┌ かつおぶし…1/2パック
　└ しょうゆ…少々

作り方
1. トマトは3センチ角に切る。クリームチーズは1センチ角に切る。
2. ボウルに 1 を入れて A で和える。

Mushroom
きのこ
旨みと香りがお酒に合う！

グリルしいたけの和え物

材料（2人分）
しいたけ…4枚
カイワレ大根…1/2パック
白だし…小さじ2

作り方
1. しいたけは石づきを取って、軸を上にしてホイルの上に並べる。カイワレは根元を切り落とし、半分の長さに切る。
2. しいたけをグリルで5分ほど焼き、手で食べやすい大きさに裂く。
3. ボウルに2とカイワレを入れ、白だしを加えて和える。

えのきの梅のり巻き

材料（1、2人分）
えのき…100g
のり…1枚
大葉…5枚
梅肉…大さじ1

作り方
1. えのきは石づきを切り落とし、ほぐす。のりを広げて手前に大葉をのせ、その上に梅肉を塗ってえのきをのせる。
2. 1をくるくると巻き、巻き終わりを下にして耐熱皿にのせ、ふんわりとラップをかける。レンジで2分加熱し、食べやすい大きさに切る。

しめじのしょうゆマヨ

材料（2人分）
しめじ…1株
青ねぎ（小口切り）…お好みで
A ┌ 柚子胡椒…小さじ1
　│ マヨネーズ…大さじ1
　└ しょうゆ…小さじ1

作り方
1. しめじは石づきを切り落として小房に分け、耐熱容器に入れてふんわりとラップをかけ、レンジで2分加熱する。
2. 余分な水分を捨て、Aで和える。お好みで青ねぎをのせる。

レンチンなめたけ

材料（2人分）
えのき…100g
かつおぶし…1パック
A ― みりん、しょうゆ…各小さじ2

作り方
1. えのきは石づきを切り落とし、半分の長さに切る。耐熱容器に入れてAをまぶし、ふんわりとラップをかけてレンジで2分加熱する。
2. 熱いうちにかつおぶしを振り掛けて混ぜる。

しいたけのバターガーリックしょうゆ

材料（2人分）
しいたけ…4枚
A ┌ バター…5g
　│ あらびきガーリック…少々
　└ しょうゆ…小さじ1
パセリ（みじん切り）…お好みで

作り方
1. しいたけは石づきを取り、薄切りにする。耐熱容器に入れてふんわりとラップをかけ、レンジで2分加熱する。
2. ラップを取り、熱いうちにAで和える。お好みでパセリを散らす。

Radish
大根
淡泊でどんな食材とも合う

薄切り大根の梅チーズ挟み

材料（2人分）
大根…薄切りにして5枚
スライスチーズ…1枚
大葉…4枚
梅肉…大さじ1くらい

作り方
1. 大根は薄切りにする。スライスチーズは4等分に切る。
2. 大根の上に大葉、チーズ、梅肉の順にのせ、最後に大根をのせる。
3. 4等分にカットし、楊枝を刺す。

大根の明太和え

材料（2人分）
大根…120g
辛子明太子…20g
マヨネーズ…適量
塩、青ねぎ（小口切り）…各適量

作り方
1. 大根は3センチのスティック状に切り、塩を振ってしんなりしてきたらギュッと絞って器に盛る。
2. 明太子をのせ、マヨネーズを絞る。お好みで青ねぎを散らす。

大根のカレー炒め風

材料（2人分）
大根…120g
A [バター…10g
カレー粉…小さじ1/2
砂糖…小さじ1
しょうゆ…小さじ1
かつおぶし…1/2パック]

作り方
1. 大根はいちょう切りにし、耐熱容器に入れてふんわりとラップをかけ、レンジで2分半加熱する。
2. 余分な水分を捨て、熱いうちにAで和える。

大根サラダ

材料（2人分）
大根…120g
ちりめんじゃこ…大さじ2〜3
しょうゆ、ごま油…各適量
カイワレ大根…お好みで

作り方
1. 大根は千切りにして器に盛る。
2. ちりめんじゃこをのせ、しょうゆとごま油を回しかける。お好みでカイワレ大根を散らす。

大根の塩昆布梅炒め風

材料（2人分）
大根…150g
A [塩昆布…箸でひとつまみ
ごま油…小さじ1
梅肉…小さじ1
すりごま…小さじ2]

作り方
1. 大根は色紙切りにし、耐熱容器に入れてふんわりとラップをかけ、レンジで2分半加熱する。
2. 余分な水分を捨て、熱いうちにAで和える。

Carrot
にんじん
見た目も鮮やか
ヘルシーおつまみ

にんじんの
ガーリックオイル

材料（2人分）
にんじん…1/2本（100g）
A ┌ あらびきガーリック…少々
　├ オリーブオイル…大さじ1
　└ 塩…ひとつまみ

作り方
1. にんじんは3ミリの厚みの半月切りにし、耐熱容器に入れてふんわりとラップをかけ、レンジで2分加熱する。
2. 余分な水分を捨て、熱いうちにAで和える。

にんじんのツナサラダ

材料（2人分）
にんじん…1/2本（100g）
A ┌ ツナ缶…1/2缶
　├ ハーブソルト…小さじ1
　└ 粒マスタード…小さじ1

作り方
1. にんじんは千切りにし、Aで和える。

グリルにんじんの
明太和え

材料（2人分）
にんじん…1/2本（100g）
塩…少々
オリーブオイル…小さじ2
辛子明太子…20g

作り方
1. にんじんは5ミリの厚さの輪切りにし、ホイルにのせる。塩とオリーブオイルをまぶして包み、グリルで5分ほど焼く。
2. 明太子の皮を外してほぐし、1に和える。

にんじんの
エスニックサラダ

材料（2人分）
にんじん…1/2本（100g）
塩…少々
A ┌ スイートチリソース、レモン汁、
　├ 　　　　　　　ナンプラー…各小さじ1
　└ ピーナッツ（粗く刻む）…大さじ1

作り方
1. にんじんは千切りにして塩を振り、しんなりしてきたらギュッと絞る。
2. 1をAで和える。

ポリポリにんじんの
ピーナッツ和え

材料（2人分）
にんじん…1/2本（100g）
塩…少々
ごま油…小さじ1
A ┌ ピーナッツ（粗く刻む）…大さじ2
　├ みそ…小さじ1強
　└ メイプルシロップ…小さじ1

作り方
1. にんじんは1センチ角のスティック状に切り、ホイルにのせる。塩とごま油をまぶして包み、グリルで5分ほど焼く。
2. 熱いうちにAを加えて和える。

Onion
玉ねぎ
甘みと辛みがお酒を誘う

玉ねぎの白だしサラダ

材料（2人分）
サラダ用玉ねぎ
（新玉ねぎ、紫玉ねぎなど）…小 1 個
A［白だし…小さじ 2
　　オリーブオイル…小さじ 2
　　ブラックペパー…少々］
パセリ…お好みで

作り方
1. 玉ねぎは薄切にして水に放ち、シャキッとさせる。
2. 水気をきって器に盛り付け、A をかける。お好みでパセリを散らす。

玉ねぎのステーキ

材料（2人分）
玉ねぎ…1/2 個
バター…10g
ベーコン…2 枚
塩…少々
ピザ用チーズ…大さじ 2

作り方
1. 玉ねぎは半分に輪切りにし、軽く塩を振ってベーコンを巻き、巻き終わりを下にしてアルミホイルに並べる。
2. バターをのせ、その上にチーズをのせてホイルごとトースターで 10 分ほど焼く（途中焦げすぎるようならホイルをかぶせる）。

玉ねぎのグリル

材料（2人分）
玉ねぎ…1/2 個
オリーブオイル…小さじ 2
塩…少々
A［オリーブオイル…小さじ 1
　　ブラックペパー…少々
　　レモン汁…小さじ 1］

作り方
1. 玉ねぎはくし形に切り、ホイルの上に並べる。塩を振って小さじ 2 のオイルを回しかけ、グリルで 6 分ほど焼く。
2. 表面がこんがりとしてきたら取り出し、A を振り掛ける。

玉ねぎの
レンチンハーブ蒸し

材料（2人分）
サラダ用玉ねぎ
（新玉ねぎ、紫玉ねぎなど）…小 1 個
ベーコン…1 枚
ハーブソルト…小さじ 1
白ワイン…大さじ 1
しょうゆ…小さじ 1

作り方
1. 玉ねぎは半分に輪切りにし、耐熱容器に入れる。ベーコンは細切りにして玉ねぎの上にのせ、その上にハーブソルトと白ワインを振り掛ける。
2. ふんわりとラップをかけてレンジで 5 分加熱する。
3. 器に盛り付け、しょうゆを振る。

玉ねぎのパン粉焼き

材料（2人分）
玉ねぎ…1/2 個
マヨネーズ…大さじ 1
しょうゆ…小さじ 1
パン粉…大さじ 2

作り方
1. 玉ねぎは 1 センチの厚みの半月に切り、ホイルに並べる。
2. 表面にしょうゆを垂らし、マヨネーズを塗る。その上にパン粉を振り掛け、トースターで 10 分ほど焼く（途中焦げすぎるようならホイルをかぶせる）。

Broccoli
ブロッコリー

西洋野菜なのに
和風にもなじむ

ブロッコリーの
にんにくだし和え

材料（2人分）
茹でブロッコリー…1/2株
A［あらびきガーリック…少々
　オリーブオイル…小さじ1
　白だし…小さじ2］

作り方
1. 茹でブロッコリーをAで和える。

ブロッコリーの
梅マヨサラダ

材料（2人分）
茹でブロッコリー…1/2株
梅干し…1個
A［マヨネーズ…大さじ1
　白ごま…小さじ1］

作り方
1. 梅干しは種をはずし、箸でちぎる。
2. 茹でブロッコリーを1とAで和える。

ブロッコリーの
明太チーズ和え

材料（2人分）
茹でブロッコリー…1/2株
クリームチーズ（個包装のもの）…1個
辛子明太子…20g
めんつゆ…大さじ1

作り方
1. 明太子は皮を外してボウルに入れ、めんつゆと混ぜる。
2. 茹でブロッコリーを1に入れて和え、さいの目に切ったクリームチーズを散らす。

ブロッコリーの
エスニック風

材料（2人分）
茹でブロッコリー…1/2株
A［ナンプラー、オイスターソース、米酢、
　ごま油…各小さじ1
　桜えび…ひとつまみ］

作り方
1. 茹でブロッコリーをAで和える。

ブロッコリーの
粒マスタード和え

材料（2人分）
茹でブロッコリー…1/2株
A［粒マスタード…小さじ1
　オリーブオイル…大さじ1
　塩…ひとつまみ
　砂糖…少々］

作り方
1. 茹でブロッコリーをAで和える。

Lotus root, Leek, Garland chrysanthemum

レンコン、ニラ、春菊

香りの強い野菜はおつまみ向き！

レンコンの明太柚子胡椒和え

材料（2人分）
レンコン…120g
辛子明太子…20g
柚子胡椒…小さじ1

作り方
1. レンコンは薄切りにして水にさらす。辛子明太子は皮を外してほぐす。
2. 鍋に湯を沸かし、1のレンコンを2分ほどゆでてざるにあけ、流水で冷やす。
3. 2の水気を拭き、1の辛子明太子と柚子胡椒で和える。

レンコンののり塩揚げ

材料（2人分）
レンコン…120g
片栗粉…大さじ1と1/2
サラダ油…大さじ1〜2
A［塩…少々
　　青のり…小さじ1］

作り方
1. レンコンはスティック状に切って水にさらす。
2. 1のレンコンの水気をふき、ビニール袋に片栗粉といっしょに入れて振り混ぜ、全体に粉をまぶす。
3. フライパンにサラダ油を入れ、中火で温める。2のレンコンを並べ、転がしながら全体がカリッとなるまで揚げ焼きにする。
4. バットに取り、熱いうちにAをまぶす。

レンコンのキムチーズ蒸し

材料（2人分）
レンコン…120g
キムチ…60g
ピザ用チーズ…大さじ2
ごま油…小さじ1
しょうゆ…小さじ1

作り方
1. レンコンはスティック状に切って水にさらす。
2. 耐熱容器に1のレンコンの水気を切って入れ、ごま油を回しかける。その上にキムチをのせ、ふんわりとラップをかけてレンジで2分半ほど加熱する。
3. ラップをあけ、全体を混ぜてチーズを散らし、追加で30秒ほど加熱する。仕上げにしょうゆを垂らして全体を混ぜる。

茹でレンコンのわさびサラダ

材料（2人分）
レンコン…120g
A［わさび…小さじ1
　　白だし…小さじ2］

作り方
1. レンコンは薄切りにして水にさらす。
2. 鍋に湯を沸かし、1のレンコンを2分ほど茹でてざるにあけ、流水で冷やす。
3. 2の水気を拭き、Aで和える。

生ニラのナムル

材料（2人分）
ニラ…1/2束（50g）
A［塩…ひとつまみ
　　ごま油…小さじ2
　　すりごま…小さじ2］

作り方
1. ニラは4センチに切り、Aで和える。

生ニラのコチュジャン和え

材料（2人分）
ニラ…1/2束（50g）
コチュジャン…大さじ1
ごま油…小さじ2
白ごま…小さじ1

作り方
1. ニラは4センチに切り、器に盛り付ける。
2. コチュジャンをのせ、ごま油を回しかけ、白ごまを振る。

洋風ニラ玉

材料（2人分）
ニラ…1/2束（50g）
卵…1個
マヨネーズ…大さじ1
粒マスタード…小さじ1
砂糖…小さじ1

作り方
1. ニラは4センチに切る。
2. 耐熱容器に卵を割りいれ、マヨネーズと粒マスタード、砂糖を入れてよく混ぜる。その上にニラをのせ、ふんわりとラップを掛ける。
3. レンジで1分半ほど加熱し、取り出して熱いうちにほぐし混ぜる。

ニラのお浸し

材料（2人分）
ニラ…1/2束（50g）
A［砂糖、しょうゆ、すりごま…各小さじ1
　 ごま油…小さじ1/2
　 あらびきガーリック…少々］
マヨネーズ…少々

作り方
1. ニラは4センチに切り、耐熱容器に入れてふんわりとラップをかけ、レンジで1分加熱する。
2. 軽く水気を絞り、Aで和える。器に盛り付け、マヨネーズを細く絞る。

春菊とベーコンのサラダ

材料（2人分）
春菊…1/2束（50g）
ベーコン…2枚
マヨネーズ…大さじ1
はちみつ…小さじ1

作り方
1. ベーコンは1センチ幅に切る。耐熱容器の上にキッチンペーパーを敷き、ベーコンを並べてレンジで1分ほど加熱する。
2. 春菊は4センチに切り、器に盛る。1のベーコンをのせ、マヨネーズとはちみつを掛ける。

春菊のおかか煮びたし

材料（2人分）
春菊…1/2束（50g）
A［水…200cc
　 みりん…小さじ2
　 しょうゆ…小さじ1
　 塩…少々
　 かつおぶし…1パック］

作り方
1. 春菊は4センチに切る。
2. 鍋にAを煮立て、1を入れてさっと煮、火を止めてそのまま冷ます。

春菊のピーナッツ和え

材料（2人分）
春菊…1/2束（50g）
ピーナッツ（粗く刻む）…大さじ1
A－砂糖、しょうゆ、米酢…各小さじ1

作り方
1. 春菊は4センチに切る。
2. ボウルにAを入れてよく混ぜ、1とピーナッツを入れて和える。

ワインに合う作りおき

2秒で出せる！肉と野菜の作りおき

with Wine

1. 豚厚切り肉のオイル漬け 🍷

材料（3～4人分）
豚ヒレ肉…250g
（ロース肉でも良い）
水…2カップ
酒…大さじ1
塩…小さじ1
A ┌ 塩…小さじ1/3
  │ 粒マスタード…小さじ2
  │ オリーブオイル…大さじ1
  └ あらびきガーリック…少々

作り方
1. 鍋に豚肉と水、酒、塩を入れて火にかける。煮立ったら弱火にして5分加熱し、火を止めて蓋をして30分そのままおく。
2. 肉を取り出して3センチ角くらいに切り、Aと共に厚手のビニール袋に入れて揉み、粗熱が取れたら密閉して冷蔵庫へ入れる。30分ほどなじませたら食べられます。
※冷蔵庫で保存。4、5日以内に食べ切る。

2. 豆腐のオリーブオイル漬け 🍷

材料（3～4人分）
木綿豆腐…小1丁（200g）
A ┌ 塩…小さじ1/2
  │ あらびきガーリック…少々
  │ ブラックペパー…少々
  │ 米酢…大さじ1
  └ オリーブオイル…大さじ3

作り方
1. 木綿豆腐はキッチンペーパーに包んで耐熱皿にのせ、レンジで3分加熱する。そのまま冷まして水気を切る。
2. 保存容器にAを入れてよく混ぜ、食べやすい大きさに切った1を並べる。全体をなじませ、蓋をして冷蔵庫へ入れる。半日ほどなじませたら食べられます。
※冷蔵庫で保存。3日以内に食べ切る。

3. きのこのマリネ 🍷

材料（3～4人分）
エリンギ…3本
しいたけ…4枚
オリーブオイル…大さじ1
塩…少々
A ┌ 塩…小さじ1/2
  │ 米酢…100cc
  │ 水…100cc
  │ 砂糖…小さじ1
  │ あらびきガーリック…少々
  └ ブラックペパー、ローリエ…あれば

作り方
1. エリンギはスティック状に切る。しいたけは薄切りにする。
2. 鍋に1のきのことオリーブオイル、塩を入れて蓋をして弱火にかける。時折かき混ぜながらしんなりしてくるまで蒸し焼きにしたら、A（あればブラックペパーやローリエを加える）を加えてひと煮立ちさせて火を止める。
3. 粗熱が取れたら冷蔵庫で冷やす。
※冷蔵庫で保存。5日以内に食べ切る。

4. にんじんのカレーマリネ

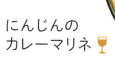

材料（4人分）
にんじん…1本（200g）
A ┌ 塩…小さじ1/3
  │ 砂糖…小さじ2
  │ カレー粉…小さじ1
  │ 粒マスタード…小さじ1
  └ オリーブオイル…大さじ1

作り方
1. にんじんは千切りにし、厚手の保存用ビニール袋に入れる。
2. Aを加えてざっくり混ぜ、空気を抜いて口を閉め、しんなりするまでおく。
※冷蔵庫で保存。4、5日以内に食べ切る。

保存用ビニール袋で作ると調味料にムダがありません！

5. 玉ねぎのクミン昆布マリネ

材料（4人分）
サラダ用玉ねぎ（新玉ねぎ、紫玉ねぎなど）…1個
A ┌ 塩昆布…箸でひとつまみ
　├ クミン…小さじ1
　└ オリーブオイル…大さじ1

作り方
1. 玉ねぎは繊維に逆らって薄切りにする。
2. 厚手の保存用ビニール袋に入れ、Aを加える。空気を抜いて口を閉め、しんなりするまでおく。

※冷蔵庫で保存。3、4日以内に食べ切る。

6. プチトマトのマリネ

材料（4人分）
プチトマト…15個くらい
A ┌ 塩…小さじ1/2
　├ メイプルシロップ…大さじ1
　└ レモン汁…大さじ2

作り方
1. プチトマトは洗ってへたをとり、厚手の保存用ビニール袋に入れる。
2. Aを加える。空気を抜いて口を閉め、味がなじむまで30分ほどおく。

※冷蔵庫で保存。3、4日以内に食べ切る。

7. むね肉のマリネ

材料（2〜3人分）
鶏むね肉…大1枚（300g）
塩、コショウ…各少々
オリーブオイル…大さじ1
A ┌ 塩…小さじ1/4
　├ オリーブオイル…大さじ1
　└ ハーブミックス…小さじ1/2

作り方
1. 鶏むね肉は皮を外して全体にフォークでつついて穴をあける。塩、コショウを振って室温に10分ほどおく。
2. フライパンにオイルをひいて中火にかけ、1の鶏肉を入れる。片面がこんがりいい色に焼けて来たら裏返して弱火にし、蓋をして2分加熱する。火を止めてそのまま20分おく。
3. 2を食べやすく削ぎ切りにし、厚手の保存用ビニール袋にAと一緒に入れる。2でフライパンに残っていた蒸し汁もここに加える。粗熱が取れたら密閉する。

※冷蔵庫で保存。3、4日以内に食べ切る。

8. さつまいものペースト

材料（4人分）
さつまいも…1本（250g）
塩…少々
A ┌ 塩…小さじ1/3
　├ マーマレード…大さじ2
　├ マヨネーズ…大さじ1
　└ クリームチーズ（個包装のもの）…2個

作り方
1. さつまいもは皮をむいて一口サイズに切る。鍋にさつまいもとかぶるくらいの水（分量外）、塩を加えて火にかけ、さつまいもが柔らかくなるまで茹でる。
2. 串がスッと通るようになったら湯を捨て、コンロの上でゆすって水分を飛ばす。熱いうちにマッシャーなどでつぶし、Aを加えて混ぜる。

※冷蔵庫で保存。3、4日以内に食べ切る。

日本酒に合う作りおき

1. きゅうりのお漬物

材料（4人分）
きゅうり…2本
昆布（5センチ四方のもの）…1枚
A [塩…ひとつまみ
　　砂糖、しょうゆ…各小さじ1
　　米酢…大さじ1
　　鷹の爪（種を取って小口切り）…1/2本]

作り方
1. きゅうりは塩（分量外）を振ってまな板の上で転がし、水で流す。
2. 食べやすく4等分くらいの長さに切り、3等分くらいに切った昆布、Aと一緒に厚手の保存用ビニール袋に入れて冷蔵庫に入れ、半日くらい味をなじませる。
※冷蔵庫に入れて保存。4、5日以内に食べ切る。

2. みそ漬けうずら卵

材料（3〜4人分）
うずら卵…1パック
A [みりん…小さじ1
　　みそ…小さじ2]

作り方
1. うずら卵はおしりの部分を台に打ち付けてヒビを入れフライパンに入れる。
2. 水（分量外）を大さじ4くらい入れて蓋をして火にかけ、中火で2分ほど蒸し焼きにする。
3. 冷水に取り、殻をむいて水けをふく。厚手の保存用ビニール袋にAを入れ、うずら卵を入れて味をなじませる。
※冷蔵庫に入れて保存。3、4日以内に食べ切る。

3. しめじと牛肉の柚子胡椒風味の佃煮

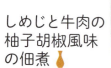

材料（4人分）
牛薄切り肉…150g
しめじ…1パック
ごま油…大さじ1/2
柚子胡椒…小さじ1
A [みりん…大さじ1
　　しょうゆ…大さじ1と1/2]

作り方
1. しめじは石づきを取って小房に分ける。牛肉は2センチに切る。
2. 鍋にごま油をひいて牛肉を炒める。やや色が変わってきたらしめじを入れてさらに炒め、Aを加える。
3. 煮汁が少なくなるまで炒め煮にし、火を止めてから柚子胡椒を加えて混ぜる。
※冷蔵庫に入れて保存。4、5日以内に食べ切る。

4. 鶏もも肉のチャーシュー

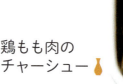

材料（3〜4人分）
鶏もも肉…1枚（250g）
酒…大さじ1
A [しょうゆ…大さじ1
　　あらびきガーリック…少々]

作り方
1. 鶏肉は余分な脂肪を切りとり、厚みを開いて均一にする。フォークで全体をつついて穴をあける。
2. 鍋に1の鶏肉とひたひたになるくらいの水（分量外）、酒を入れて火にかける。煮立ったら弱火にして1分加熱し、火を止めて蓋をしたまま煮汁の中で1時間ほど冷ます。
3. 2の水気を切って、Aと一緒に厚手の保存用ビニール袋に入れる。30分ほど味がなじむまでおく。
※冷蔵庫に入れて保存。3、4日以内に食べ切る。

えびと厚揚げの旨煮

材料（2〜3人分）
むきえび…100g
厚揚げ…250g
A ┌ 酒…大さじ1
　│ みりん…大さじ1
　│ しょうゆ…小さじ1
　└ オイスターソース…小さじ1

作り方
1. 厚揚げは一口よりやや小さめに切る。えびはさっと洗って酒（分量外）を振る。
2. 鍋にえびと厚揚げを入れ、Aを加えて火にかける。煮汁が少なくなるまで煮詰める。
※冷蔵庫に入れて保存。3、4日以内に食べ切る。

長いもレモン

材料（4人分）
長いも…200〜250gくらい
レモン…1/2個
A ┌ 砂糖…大さじ2
　│ 米酢…大さじ4
　└ 塩…小さじ1/2

作り方
1. 長いもは1センチ角くらいのスティック状に切る。レモンは薄切りにする。
2. 1とAを厚手の保存用ビニール袋に入れ、味がなじむまでおく。
※冷蔵庫に入れて保存。4、5日以内に食べ切る。

えびそぼろ

材料（2〜3人分）
むきえび…200g
A ┌ 酒、みりん…各大さじ1
　└ 塩…小さじ1/4

作り方
1. むきえびは細かく刻む。
2. 鍋に1とAを入れて火にかけ、あくをすくいながら、煮汁が少なくなるまで煮る。
※冷蔵庫に入れて保存。4、5日以内に食べ切る。

大根のこぶじめ

材料（4人分）
大根…250gくらい
昆布…5センチ角くらいのもの1枚
鷹の爪（種を取って小口切り）…1/2本
A ┌ 塩…小さじ1
　│ 砂糖…大さじ1
　└ 米酢…大さじ2

作り方
1. 大根は皮をむいて薄切りにする。昆布ははさみで1センチに切る。
2. 大根を厚手の保存用ビニール袋に入れ、昆布と鷹の爪、Aを入れる。大根が軟らかくなり、味がなじむまで半日ほどおく。
※冷蔵庫に入れて保存。4、5日以内に食べ切る。

おつまみランクアップ食材
③

How to use nuts?
ナッツの使い方

くるみ、ピーナッツ、アーモンドなど、ナッツ類はそれだけで食べても
お酒のおつまみになりますが、砕いてお料理に使ってもおいしいです。
香ばしい香りとコクがありますので、サラダやお肉料理などのトッピングとして
使うのがおすすめです。また、野菜などに混ぜ込むと、
カリカリとした食感がアクセントになり、食べごたえもアップします。
ゴマ和えなどに向く、ゴマと相性のいい野菜やお肉は、
だいたいナッツ類にも合うと覚えておくと、使いやすいと思います。
通常料理用には、塩分が入っていないナッツを使いますが、おつまみ用のナッツには
塩分が入っているので、その分、塩の量を少し減らすようにしてください。

くるみの甘辛みそ

材料（2人分）
くるみ…30g
みそ…大さじ3
みりん…大さじ2

作り方
1. くるみは粗く刻む。
2. フライパンにくるみを入れて弱火にかけ、香ばしく炒る。全体に色がうっすらと付いてきたらみりんとみそを加えて全体を混ぜ、火を止める。

にんじんのアーモンドソテー

材料（2人分）
にんじん…1本（200g）
アーモンドスライス…大さじ1強
バター…10g
塩…小さじ1/3
メイプルシロップ…小さじ1

作り方
1. にんじんは千切りにする。
2. フライパンにバターとにんじんを入れて弱火にかけ、にんじんがしんなりしてくるまで炒める。アーモンドも加えてさっと炒め、塩とメイプルシロップを加えて全体を混ぜ、火を止める。

＊ナッツを使ったレシピは、p.22、p.24、p.65、p.69、p.73、p.83、p.84にもあります。

第4章

飲みたい人も シメたい人も！ 両方いけるシメつまみ

シメに炭水化物か甘いものを食べたいという人もいれば、
最後まで飲み続けたい人もいます。
そんな時には"シメ"にもなれば"アテ"にもなる
便利なおつまみを！
炭水化物系かスイーツ系か、お好みで選んで。

- 炭水化物がないとしまらない！
  腹持ちつまみ　ごはん／麺
- やっぱりシメは甘いもの。
  スイーツつまみ

\ 炭水化物がないと /
\ しまらない！ /

腹持ちつまみ

シメはごはんか麺か？ おつまみとしても
いける満足感の高いレシピです

ごはん

韓国風のり巻き

材料（2人分）
ごはん…お茶碗に軽く2膳分
ほうれん草…1/4束
にんじん…5センチ
のり…1枚
塩、ごま油、しょうゆ…各適量
たくあん…刻んで大さじ2
すりごま…適量
白ごま…お好みで

作り方
1. ほうれん草は洗ってラップに包み、レンジで30秒加熱する。冷水に取って絞り、4センチ長さに切って塩、ごま油、しょうゆ（各少々）で和える。
2. にんじんは千切りにしてラップに包み、レンジで30秒加熱する。冷まして塩、ごま油、すりごま（各少々）で和える。
3. のりを広げ、ごはんを均一に広げ塩を振る。たくあん、1のほうれん草、2のにんじんを手前に並べ、手前から奥の方向へぐるりと巻く。巻き終わりを下にしてラップで包み、5分ほどおいてラップをあけ、表面にごま油を塗る。食べやすく切り分ける。お好みで白ごまを振る。

ガーリックねぎライス

材料（2人分）
ごはん…お茶碗に軽く2膳分
長ねぎ…1本
オリーブオイル…大さじ1
あらびきガーリック…少々
塩…小さじ1/2
しょうゆ…小さじ1

作り方
1. 長ねぎはあらみじんに切る。
2. フライパンにオイルをひいて熱し、長ねぎを軽く炒める。ごはんも加えて全体に油が回るまで炒めたら、あらびきガーリックと塩、しょうゆを加えて炒める。

卵のとろふわあんかけ

材料（2人分）
ごはん…お茶碗に軽く2膳分
卵…2個
水溶き片栗粉…少々
オリーブオイル…小さじ2
わさび、青ねぎ（小口切り）…お好みで
A｜水…300cc
　｜酒…大さじ1
　｜白だし…大さじ2

作り方
1. ごはんをお茶碗に盛る。
2. 小鍋にAを煮立て、水溶き片栗粉でとろみをつける。溶きほぐした卵を流しいれて大きく混ぜ、半熟状で火を止める。
3. 2を1のごはんの上にかけ、オイルをかけて、お好みでわさびと青ねぎを添える。

焼き卵かけごはん

材料（2人分）
ごはん…お茶碗に1膳分強
卵…1個
ごま油…少々
青ねぎ…お好みで
A｜薄力粉…大さじ1
　｜塩…小さじ1/2
　｜しょうゆ…小さじ1
　｜白ごま…小さじ1

作り方
1. ボウルにごはんと卵を入れ、Aを加えてよく混ぜる。
2. フライパンにごま油をひいて熱し、1をスプーンに1杯ずつくらい流しいれて両面こんがりと焼く。
3. 器に盛り付け、お好みで青ねぎをのせる。

レンジで他人丼

材料（2人分）
ごはん…お茶碗に軽く2膳分
玉ねぎ…1/2個
豚薄切り肉…100g
卵…2個
かつおぶし…1パック
A｜水…大さじ3
　｜みりん…大さじ2
　｜しょうゆ…大さじ1
　｜塩…少々
青ねぎ…お好みで

作り方
1. 玉ねぎは薄切りに、豚肉は食べやすい長さに切る。
2. 耐熱容器に玉ねぎを入れ、豚肉をその上に広げて入れる。Aとかつおぶしを加えてふんわりとラップをかけ、レンジで4分加熱する。かき混ぜて溶いた卵を流しいれる。もう一度ふんわりとラップをかけレンジで1分加熱する。
3. ごはんを盛り、2をのせる。お好みで青ねぎを添える。

卵と明太子の
ちょびっと丼

材料（2人分）
ごはん…お茶碗に軽く2膳分
辛子明太子…30g
A｜卵…2個
　｜水…大さじ2
　｜塩…少々
　｜オリーブオイル…大さじ1

作り方
1. Aを耐熱容器に入れてよく溶き混ぜる。
2. ふんわりとラップをかけてレンジで1分20秒加熱、取り出してかき混ぜ、生っぽかったら10秒ずつくらいレンジにかけて調整する。
3. 半熟くらいでレンジから出し、箸でほぐした明太子を加えて混ぜる。ごはんの上にのせる。

トマトリゾット

材料（2人分）
ごはん…お茶碗に1膳分
シーフードミックス…70g
白ワイン…大さじ1
トマトジュース（加塩）…400cc
粉チーズ…お好みで
A｜フライドオニオン…大さじ1
　｜塩…小さじ1/4
　｜あらびきガーリック…少々
　｜ブラックペッパー…少々
　｜オリーブオイル…大さじ1

作り方
1. シーフードミックスを小鍋に入れて白ワインを振り掛け、蓋をして弱火にかけて蒸し煮にし、トマトジュースを入れて煮立てる。
2. 1にAとごはんを入れてひと煮立ちさせ、あくをすくう。
3. 器に盛り付け、お好みで粉チーズを振り掛ける。

麺

エスニック焼きそば

材料（2人分）
焼きそば用蒸し麺…2玉
もやし…1/2袋
桜えび…大さじ3
ごま油…大さじ1
A ┌ 生姜（すりおろし）…小さじ1
　├ ナンプラー…大さじ1
　├ 米酢…大さじ1/2
　└ 塩、ブラックペパー…各少々

作り方
1. フライパンにごま油をひいて焼きそば用蒸し麺を炒める。
2. もやしと桜えびも加え、全体をさっと炒めたら、Aで調味する。

ゆかりナッツパスタ

材料（2人分）
スパゲティ…180g
ピーナッツ…30g
A［ゆかり…小さじ1
　　オリーブオイル…大さじ1］

作り方
1. 鍋に湯を沸かし、スパゲティを半分に折って入れて袋の表示通りに茹でる。ピーナッツは粗く刻む。
2. 麺をざるにあけ水けを軽く切ったら、もう一度鍋に戻す。Aとピーナッツを加えてよく混ぜる。

アンチョビ釜玉

材料（2人分）
冷凍うどん…2玉
アンチョビフィレ…4枚
ブラックペパー…少々
塩…お好みで
A［卵…2個
　　あらびきガーリック…少々
　　オリーブオイル…大さじ1］

作り方
1. 冷凍うどんは耐熱皿にのせてレンジで5分半ほど加熱する。アンチョビは細かく刻む。
2. ボウルにAとアンチョビを入れてよく混ぜる。1のアツアツのうどんをここに入れて混ぜ合わせる。お好みで塩を足す。
3. 器に盛り付け、ブラックペパーを振る。

サラダうどん

材料（2人分）
冷凍うどん…2玉
水菜…1/2束
ツナ缶…1缶
ポン酢（またはめんつゆでも）…大さじ2〜3
マヨネーズ…少々
ごま…大さじ1

作り方
1. 水菜は4センチに切る。冷凍うどんは耐熱皿にのせてレンジで5分ほど加熱しざるにあけて冷水でよく冷やす。
2. 皿に水菜と1のうどんを盛り、軽く油を切ったツナをのせる。ポン酢とマヨネーズをかけ、ごまを振る。

鶏だし牛乳うどん

材料（2人分）
冷凍うどん…2玉
キャベツ…3枚
鶏ひき肉…60g
水…200cc
牛乳…300cc
A［酒…大さじ1
　　塩…小さじ1/2
　　ごま油…小さじ1
　　すりごま…大さじ1
　　あらびきガーリック…少々
　　ブラックペパー…少々］

作り方
1. 鍋にキャベツをちぎって入れ、ひき肉と水を入れて火にかける。煮立ったらあくをすくって冷凍うどんを入れ、蓋をして蒸し煮にする。
2. うどんが柔らかくなってきたら、牛乳とAを入れてひと煮立ちさせ、火を止める。

レンジ焼き明太うどん

材料（2人分）
冷凍うどん…2玉
辛子明太子…50g
ちくわ…2本
青ねぎ（小口切り）…お好みで
A［白だし…大さじ2
　　オリーブオイル…大さじ1］

作り方
1. ちくわはスティック状に切る。辛子明太子は箸で軽くほぐす。
2. 耐熱容器にクッキングシートを敷き、冷凍うどんとちくわをのせる。Aを振り掛けてふんわりとラップをかけ、レンジで5分ほど加熱する。
3. アツアツのうちに明太子を加えてよく和え、皿に盛る。お好みで青ねぎを散らす。

ワンポットで
柚子胡椒にゅうめん

材料（2人分）
素麺…100g
水…500cc
豚薄切り肉…100g
酒…大さじ1
かつおぶし…1パック
柚子胡椒…小さじ1
青ねぎ（小口切り）…少々

作り方
1. 鍋に水を入れて火にかける。豚肉は食べやすい長さに切る。
2. 鍋が煮立ったら酒を加えて豚肉を入れ、色が変わったらさっと表面を洗った素麺を入れる。中火で1分半ほど煮て、あくをすくう。
3. かつおぶしを加えて火を止め、器に盛り付ける。柚子胡椒と青ねぎを添える。

83

\\ やっぱりシメは
甘いもの。//

スイーツつまみ

甘党の人も、
甘党じゃない人もいける
嬉しいスイーツつまみ。

フルーツ
オープンサンド

材料（2人分）
食パン…1枚（写真は黒糖食パンですが、
　　　　　　　普通の食パンでも）
マスカルポーネチーズ…50g
オレンジ、キウイなど…適量

作り方
1. 食パンにマスカルポーネチーズを塗り、皮を取って輪切りにしたフルーツを並べる。
2. 食べやすく切り分けて盛り付ける。

レーズンチーズボール

材料（2人分）
クリームチーズ…60g
レーズン…30g
ラム酒…小さじ2
くるみ（粗く刻む）…大さじ2
砂糖…大さじ1

作り方
1. レーズンは耐熱容器に入れて100ccの水（分量外）を加え、レンジで1分加熱してざるにあける。水気を拭いてラム酒を振り掛ける。
2. クリームチーズはレンジで10秒ほど加熱して柔らかくし、木べらでよく混ぜる。1のレーズンとくるみ、砂糖を加えてよく混ぜる。
3. スプーン2本を使って8個くらいに丸め、冷蔵庫で冷やす。

ショコラトマト

材料（3、4人分）
プチトマト…10個
板チョコ…1枚
岩塩…少々

作り方
1. プチトマトは洗って水けをキッチンペーパーで拭く。
2. 板チョコは耐熱容器に割りいれ、レンジで20〜30秒ほど加熱してかき混ぜ、溶かす。
3. 熱いうちに1のプチトマトをチョコにくぐらせ、広げたクッキングシートの上に並べる。塩を振り、冷蔵庫でチョコが固まるまで冷やす。

アーモンド塩チョコ

材料（3、4人分）
アーモンドスライス…50g
板チョコ…2枚
岩塩…少々

作り方
1. アーモンドスライスはホイルの上にのせてトースターで色づくくらいまで軽く焼く。
2. チョコを耐熱容器に割りいれ、レンジで10〜20秒ほど加熱して、滑らかになるまでよく混ぜる。
3. 2に1を加えてよく混ぜる。皿の上にクッキングシートを広げ、チョコを一つまみずつおき、塩を振り掛けて冷蔵庫で冷やし固める。

白ワインと
マーマレードのソルベ

材料（3、4人分）
白ワイン…200cc
砂糖…20g
マーマレード…30g
レモン汁…大さじ1

作り方
1. 小鍋に白ワインを入れて煮立て、砂糖を入れて混ぜる。
2. 砂糖が溶けたら火を止め、マーマレードとレモン汁を加える。
3. 粗熱が取れたら容器に移し、冷凍庫で冷やし固める。固まったらスプーンで削って盛り付ける。

リンゴの
レンジコンポート

材料（2人分）
リンゴ…1/2個
レーズン…大さじ1
A ［砂糖…大さじ1
　　ラム酒…大さじ1
　　レモン汁…大さじ1］

作り方
1. リンゴは薄切りにして耐熱容器に並べ、レーズンを散らす。
2. Aを上から順に振り掛けていく。ふんわりとラップをかけ、レンジで3分半ほど加熱する。粗熱が取れたら冷蔵庫で冷やす。

レーズンバター

材料（3、4人分）
レーズン…30g
ラム酒…小さじ2
バター（加塩）…100g
砂糖…大さじ1

作り方
1. レーズンは耐熱容器に入れて水（分量外）を100ccほど注ぎ、レンジで1分加熱する。ざるにあけて水気をキッチンペーパーで拭き、小皿に入れてラム酒を振り掛ける。
2. バターをレンジで10秒ほど加熱し、砂糖を加えて木べらでよく混ぜる。1のレーズンも入れてよく混ぜる。広げたラップにこれを置いて棒状にしながら包み、冷蔵庫で冷やす。
3. ラップに包んだままスライスして、お好みでクラッカーなどにのせる。

即席ティラミス風

材料（2人分）
食パン（5枚切り）…1/2枚
バナナ…1本
マスカルポーネチーズ…50g
ココアパウダー…少々
メイプルシロップ…小さじ2
A ［インスタントコーヒー、砂糖
　　　　…各小さじ1
　　水…大さじ1］

作り方
1. カップにAを入れてレンジで10秒ほど加熱し、コーヒー液を作る。バナナは輪切りにする。
2. 食パンを2センチ角くらいに切り、2個の容器に入れる。ここに1のコーヒー液をそれぞれ入れてパンに染み込ませる。バナナをのせ、メイプルシロップをかけ、その上にマスカルポーネチーズを重ねる。
3. ココアパウダーを振り掛ける。

おつまみランクアップ食材
④

How to use avocado?
アボカドの使い方

ヘルシーで色も美しく、和食とも合わせやすいアボカドは、女性に大人気。
最近ではアボカド料理の専門店もできているとか。
いつも冷蔵庫にある野菜というわけではないですが、ヘルシーでおしゃれなイメージから、
おもてなしなどで大活躍するおつまみ食材です。
切ってしばらくすると茶色く変色するのが困りものですが、切った直後に電子レンジで
20秒加熱しておくと変色を防ぐことができます。
しょうゆとの相性がよく、にんにく、わさび、柚子胡椒、のり、ねぎなど
アクセントになるようなものを加えて、淡泊な素材と和えるとおいしいです。
かたまりのままでも、ペースト状にしてタレやディップとして使ってもOK。
お酒も、日本酒からワインまで幅広く合わせることができます。
ぜひ、いろいろチャレンジしてみてください。

アボカドのナムル

材料（2人分）
アボカド…1個
塩…小さじ1/3
ごま油…小さじ1
ブラックペパー…少々

作り方
1. アボカドは種を取って皮をむき、スライスして塩、ごま油で和える。
2. 皿に並べ、ブラックペパーを振り掛ける。

アボカドののりごま和え

材料（2人分）
アボカド…1個
A ┌ 砂糖…小さじ1
　│ しょうゆ…小さじ2
　│ すりごま…小さじ2
　└ のり…1/2枚（ちぎる）

作り方
1. アボカドは種を取って皮をむき、2センチ角に切る。
2. ボウルに入れてAで和える。

＊アボカドを使ったレシピは、p.27、p.29、p.30 にもあります。

おつまみ
ランクアップ食材 ⑤

How to use nampla?
ナンプラーの使い方

タイ料理には欠かす事のできない魚から作った発酵調味料、ナンプラー。
好き嫌いは分かれますが、その独特のパンチのある味と香りはビールなどによく合います。
魚介類はもちろん、野菜や麺やごはんなど、意外とどんな食材とも相性のいい調味料です。
アジア風の白だしと考えて、気軽にいろんな料理にチャレンジしてみてください。
パクチーと合わせて使うと、たちまちタイ料理風になります。

エスニック風カルパッチョ

材料（2人分）
茹でだこ…100g
レモン…1/2個
A ┌ ナンプラー…小さじ1
　│ ブラックペパー、あらびきガーリック…各少々
　└ オリーブオイル…小さじ1

作り方
1. たことレモンは薄切りにして皿に並べる。
2. Aをかける。

鶏もも肉の
ナンプラー照り焼き

材料（2人分）
鶏もも肉…1枚（250g）
サラダ油…少々
A ┌ ナンプラー…大さじ1
　│ 米酢…大さじ1/2
　└ 砂糖…大さじ1

作り方
1. 鶏肉は一口大の削ぎ切りにする。
2. フライパンにサラダ油をひいて熱し、1の皮目を下にして並べる。こんがりと焼き目がついたら裏返して1分ほど焼き、Aを加えて蓋をする。3分ほど蒸し焼きにし、蓋を取って汁けがなくなるまで煮詰める。

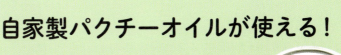

おつまみ
ランクアップ食材 ⑥

自家製パクチーオイルが使える！

独特の香りを持つパクチー。ナンプラーと相性が
よく、少し使うだけでアジア風のおつまみができる
すぐれものですが、1袋買っても、
使い切れずに傷んでしまうことも多いのでは？
そんな時には、パクチーオイルを作っておくのが
おすすめです。冷奴やしゃぶしゃぶ、ポテトサラダ、
そうめんなど普段の料理に少し垂らすだけで、
パクチーの風味がついて、アジア風になります。
冷蔵庫で約1週間保存できます。

パクチーオイル

材料（作りやすい分量）
パクチー…1袋
A ┌ 塩…小さじ1
　│ オリーブオイル…150cc
　└ あらびきガーリック…少々

作り方
1. パクチーは1センチに刻み、キッチンペーパーで挟んで水分を拭きとる。
2. 清潔な保存瓶に1とAを入れてよく混ぜる。
※密閉して冷蔵庫で保存。1週間以内に使い切る。

＊ナンプラーを使ったレシピは、p.20、p.21、p.30、p.33、p.37、p.63、p.65、p.69、p.71、p.82 にもあります。

おわりに。

今回の「おつまみごはん」も、前回の「ほめ弁」（『朝10分、あるものだけで
ほめられ弁当』）の担当編集の出版社に勤める働く主婦、Iさんと一緒に
二人三脚で作りました。お互いに仕事を持つ主婦であり、
思春期の子どもを持つ母親でもあり、さらにお酒が好き（笑）。

「自分が仕事して疲れて帰ってきたとき、これなら作ろうという気になるかどうか」
という大事なポイントをわたしがいつも忘れないよう（忘れるんじゃない、
世界中みんながみんな料理が大好きなわけじゃないんだ！時間があるわけじゃないんだ！）
常に読者の一人としての目線で、
製作者サイドが作りたい独りよがりのレシピ本になっていないかということを、
Iさんがひとつひとつ確認してくださったおかげで、この本は出来上がりました。

今回もまた、提出したレシピは次から次へとIさんが自宅で作ってくださり、
「このだし巻きはもう数えきれないほど作りました！」
とか
「肉団子、すごくいいです！ほんとあっという間にいろいろアレンジできるのがいい！
お弁当にも入れちゃった（笑）」
とか、いつも感想をくださり、心配性のわたしを支え続けてくださっていました。
ありがとうございました！！

おつまみ本といえども、お酒を飲む人ばかりではなく、
家族みんなが一緒に楽しめるおかずであることを大前提に作っておりますので、
うちでは長女な一さんから
「この味はあまりおいしくない。
みんなもそう思うやんな！！！！！！！（他の家族巻き添え）」
と何度もやり直しを命じられたことも（笑）。

でもそんなわたしの周りのたくさんの人たちのおかげで、
いい本が出来たのではないかな……と発売を目前に控えた今は、
期待と不安とでドキドキしています。

どうかこの本を手に取ってくださったみなさんの、
おいしい楽しい賑やかな夕食の時間のモトになる、あったかいレシピ本になりますように！

井上かなえ

素材別さくいん

レシピ名についている色のマルはどのお酒に合うかを表します。

●…ビール　●…ワイン　●…日本酒

【肉類】

牛肉

● たっぷりきのこのクミンライス　15
● ほうれん草と牛肉のガーリックお浸し　51
●● じゃがいもと牛肉の塩バター蒸し　51
● しめじと牛肉の柚子胡椒風味の佃煮　76

鶏肉

● アボカドのエスニック風（ささみ）　30
●● 鶏ささみの粒マスタードマリネ
　　　　　　　　　（ささみ）　31
● トースター焼き（ささみ）　31
●● 洋風春巻き（ささみ）　31
● 柚子胡椒マヨサラダ（ささみ）　31
●● ささみとほうれん草のごまドレがけ
　　　　　　　　　（ささみ）　32
●● ねぎ梅和え（ささみ）　32
●● 鶏だしのお吸い物（ささみ）　32
●● わさびしょうゆ漬け（ささみ）　33
●● きゅうりとささみのクミン和え
　　　　　　　　　（ささみ）　33
●● 春雨とにんじんのナムル（ささみ）　33
● 生春巻き（ささみ）　33
●● 白だし焼き（もも肉）　34
● バーベキューグリル（もも肉）　35
● みそ漬け（もも肉）　35
●● 青のり塩（もも肉）　35
● 甘辛チーズしょうゆだれ（もも肉）　35
●● 鶏もも肉の塩レモングリル
　　　　　　　　　（もも肉）　36
● 粒マスタードとはちみつ（もも肉）　36
●● 黒コショウ焼き（もも肉）　36
● ハーブマリネ（もも肉）　36
● カレー風味焼き（もも肉）　37
● クミングリル（もも肉）　37
● ナンプラー風味（もも肉）　37
● オイスターマヨ絡め（もも肉）　37
● お豆腐でボリュームアップ！
　　　　ヘルシーよだれ鶏（もも肉）　46
●● 鶏もも肉のチャーシュー（もも肉）　76
● 鶏もも肉のナンプラー照り焼き
　　　　　　　　　（もも肉）　87

●● アンチョビ風味のから揚げ
　　　　　　　　　（むね肉）　38
●● 塩から揚げ　39
●● 明太スティック（むね肉）　39
● キムマヨスティック（むね肉）　39
● おかか風味のから揚げ（むね肉）　39
● 鶏チリマヨ（むね肉）　40
● スイートチリスティック（むね肉）　40
● チキン南蛮風（むね肉）　40
● チーズ風味から揚げ（むね肉）　40
● ごまから揚げ（むね肉）　41
● スパイシーチキン（むね肉）　41
● 甘みそ絡め（むね肉）　41
● コチュジャンから揚げ（むね肉）　41
●● むね肉のマリネ（むね肉）　75

豚肉

● レンジで上海風焼きそば　13
●● 茹で豚のからしみそ和え　24
● レンチンマイルド豚キムチ　25
●● くるくる豚ロース薄切りの揚げ焼き　25
● 焼きトンのねぎだれ　25
●● 豚ばらと大根のおかかしょうゆ炒め　25
●● 豚ロース薄切りのチーズ挟み焼き　26
●● 紅生姜入り豚天　26
● 豚肉のアンチョビバター炒め　26
● 豚ばらスライスのレンジ角煮風　26
● 豚ばらスライスのカリカリ焼き
　　　　　アボカドわさび和え　27
● ニラ巻き豚　27
● きゅうりと豚のガーリック炒め　27
●● 豚肉の明太チーズ絡め　27
●● 豚ばらのクミン炒め　42
● 粉なしでふわふわお好み焼き風　46
● ニラ豚玉　55
● トンペイ焼き　55
●● カリカリ豚のっけ冷奴　56
● 豚厚切り肉のオイル漬け　74
●● レンジで他人丼　81
● ワンポットで柚子胡椒にゅうめん　83

ひき肉

●● ジューシートマトのひき肉ソースがけ
　　　　　　　（合いびき肉）　21
● じゃがいものそぼろ煮（合いびき肉）　21
● 合いびき肉の即席ハンバーグ風
　　　　　　　（合いびき肉）　21
● 甘辛スコップコロッケ（合いびき肉）　44
● ナスとひき肉のとろとろ煮
　　　　　　　（鶏ひき肉）　17
● 鶏ひき肉のガパオ風炒め（鶏ひき肉）　20
● 春雨エスニックサラダ（鶏ひき肉）　21
● 梅入りつくね（鶏ひき肉）　21
●● 大根の肉みそのっけ（鶏ひき肉）　53
●● 鶏だし牛乳うどん（鶏ひき肉）　83
● フライパンで大きくシュウマイ風
　　　　　（鶏ひき肉・豚ひき肉）　21
● 肉団子のナッツ和え
　　　　　（鶏ひき肉・豚ひき肉）　22
● 肉団子のスパイシーボール
　　　　　（鶏ひき肉・豚ひき肉）　23
●● ねぎポンマヨ（鶏ひき肉・豚ひき肉）　23
● キャベツスープ（鶏ひき肉・豚ひき肉）　23
● みそマヨ焼き（鶏ひき肉・豚ひき肉）　23
● 餃子味のナスのつくね（豚ひき肉）　48

【魚介類】

イカ

● じゃがいもとイカののりマヨ炒め　53

えび

●● えびと厚揚げの旨煮　77
●● えびそぼろ　77

サーモン

● カリカリ揚げ野菜とサーモンの
　　　　　　　サラダ仕立て　15
●● サーモンの炙り　29
● サーモンの漬け
　　　　（コチュジャン×長いも）　29
●● サーモンの漬け（柚子胡椒×豆腐）　29

- ●サーモンとアボカドのタルタル　29
- ●サーモンのザンギ　29

シーフードミックス
- ●ブロッコリーとシーフードの
　　　　　とろとろ中華煮　52
- ●●トマトリゾット　81

たこ
- ●たことじゃがいものおかか炒め　13
- ●●明石焼き風だし巻き　54
- ●エスニック風カルパッチョ　87

まぐろ
- ●まぐろのからしうまだれ絡め　28
- ●●ねぎま汁　29

【野菜】

青ねぎ
- ●ナスとひき肉のとろとろ煮　17
- ●春雨エスニックサラダ　21
- ●合いびき肉の即席ハンバーグ風　21
- ●梅入りつくね　21
- ●●ねぎポンマヨ　23
- ●●焼きトンのねぎだれ　25
- ●●豚ばらと大根のおかしょうゆ炒め　25
- ●●豚肉の明太チーズ絡め　27
- ●●チキン南蛮風　40
- ●お豆腐でボリュームアップ!
　　　　　ヘルシーよだれ鶏　46
- ●粉なしでふわふわお好み焼き風　46
- ●大根の肉みそのっけ　53
- ●●明石焼き風だし巻き　54
- ●揚げ卵のスイートチリソース　54
- ●●ほたてのだし巻き卵　55
- ●かにカマと卵のとろとろ煮　55
- ●トンペイ焼き　55
- ●豆腐のおかかステーキ　56
- ●●カリカリ豚のっけ冷奴　56
- ●豆腐の明太子煮　56
- ●厚揚げのキムチーズのっけ焼き　56
- ●●油揚げのみそマヨねぎピザ　57
- ●トマトの甘酢和え　61
- ●とりあえずのおつまみキャベツ　62
- ●●じゃがいものナムル　63
- ●トマトキムチ　66
- ●トマトのねぎまみれ　66
- ●●しめじのしょうゆマヨ　67
- ●大根の明太和え　68
- ●卵のとろふわあんかけ　81
- ●焼き卵かけごはん　81

- ●●レンジで他人丼　81
- ●レンジ焼き明太うどん　83
- ●●ワンポットで柚子胡椒にゅうめん　83

アボカド
- ●●豚ばらスライスのカリカリ焼き
　　　　　アボカドわさび和え　27
- ●サーモンとアボカドのタルタル　29
- ●アボカドのエスニック風　30
- ●アボカドのナムル　86
- ●アボカドののりごま和え　86

えのき
- ●えのきの梅のり巻き　67
- ●レンチンなめたけ　67

エリンギ
- ●きのこの明太マヨ炒め　60
- ●きのこのマリネ　74

大葉
- ●●洋風春巻き　31
- ●トマトと新玉ねぎの和風サラダ　52
- ●えのきの梅のり巻き　67
- ●●薄切り大根の梅チーズ挟み　68

カイワレ大根
- ●グリルしいたけの和え物　67
- ●●大根サラダ　68

キャベツ
- ●キャベツスープ　23
- ●粉なしでふわふわお好み焼き風　46
- ●揚げ焼きサクサクキャベツ　48
- ●油揚げとキャベツのみそバター炒め　57
- ●キャベツのアンチョビサラダ　58
- ●煮びたし　62
- ●キャベツと桜えびの
　　　　　ガーリックマヨソテー　62
- ●とりあえずのおつまみキャベツ　62
- ●キャベツのソースマヨ焼きサラダ　62
- ●ツナ缶とキャベツの温サラダ　62
- ●●鶏だし牛乳うどん　83

きゅうり
- ●ガスパチョ　15
- ●きゅうりと豚のガーリック炒め　27
- ●●きゅうりとささみのクミン和え　33
- ●きゅうりと梅チーズのサンドウィッチ　44
- ●●きゅうりとベーコンのさっと炒め　64
- ●きゅうりにアツアツのごま油　64
- ●きゅうりののり和え　64
- ●きゅうりの豆板醤和え　64

- ●きゅうりとクリームチーズの
　　　　　ハーブサラダ　64
- ●きゅうりのお漬物　76

さつまいも
- ●●スティックさつまいものガーリック
　　　　　バター炒め　60
- ●さつまいものペースト　75

里いも
- ●里いもの柚子胡椒サラダ　17

サニーレタス
- ●鶏ひき肉のガパオ風炒め　20
- ●お豆腐でボリュームアップ!
　　　　　ヘルシーよだれ鶏　46

しいたけ
- ●グリルしいたけの和え物　67
- ●しいたけのバターガーリックしょうゆ　67
- ●きのこのマリネ　74

しめじ
- ●鶏ひき肉のガパオ風炒め　20
- ●きのこのアンチョビオイル蒸し　52
- ●きのこのキッシュ風　54
- ●●しめじのしょうゆマヨ　67
- ●しめじと牛肉の柚子胡椒風味の佃煮　76

じゃがいも
- ●たことじゃがいものおかか炒め　13
- ●じゃがいものそぼろ煮　21
- ●甘辛スコップコロッケ　44
- ●まるごとじゃがいも　48
- ●●じゃがいもと牛肉の塩バター蒸し　51
- ●●じゃがいものカリカリチーズ
　　　　　ガレット　52
- ●じゃがいもとイカののりマヨ炒め　53
- ●キムチ入りポテサラ　63
- ●●じゃがいものナムル　63
- ●●青のりとチーズのポテトボール　63
- ●千切りじゃがいものソムタム風　63
- ●トースターでおつまみポテト　63

春菊
- ●●春菊のかき揚げ　53
- ●春菊のお揚げまきまき　57
- ●●春菊とベーコンのサラダ　73
- ●●春菊のおかか煮びたし　73
- ●春菊のピーナッツ和え　73

生姜
- ●ナスとひき肉のとろとろ煮　17

●フライパンで大きくシュウマイ風 21
●肉団子のナッツ和え 22
●肉団子のスパイシーボール 23
●●ねぎポンマヨ 23
●キャベツスープ 23
●みそマヨ焼き 23
●鶏チリマヨ 40
●ごまから揚げ 41
●お豆腐でボリュームアップ！
　　　　　　ヘルシーよだれ鶏 46
●餃子味のナスのつくね 48
●●大根のから揚げ 51
●ブロッコリーとシーフードの
　　　　　　とろとろ中華煮 52
●トマトの甘酢和え 61
●エスニック焼きそば 82

セロリ
●ガスパチョ 15

大根
●●豚ばらと大根のおかかしょうゆ炒め 25
●色とりどり野菜の3種ディップ添え 44
●大根の生クリームグラタン 50
●●大根のから揚げ 51
●大根の肉みそのっけ 53
●●ほたてのだし巻き卵 55
●●薄切り大根の梅チーズ挟み 68
●大根の明太和え 68
●大根のカレー炒め風 68
●●大根サラダ 68
●大根の塩昆布梅炒め風 68
●大根のこぶじめ 77

玉ねぎ（サラダ用・新玉ねぎ含む）
●カリカリオニオンリング 17
●鶏ひき肉のガパオ風炒め 20
●フライパンで大きくシュウマイ風 21
●肉団子のナッツ和え 22
●肉団子のスパイシーボール 23
●●ねぎポンマヨ 23
●キャベツスープ 23
●みそマヨ焼き 23
●●レンチンマイルド豚キムチ 25
●甘辛スコップコロッケ 44
●厚揚げの甘辛わさび 57
●●玉ねぎのステーキ 70
●●玉ねぎのグリル 70
●●玉ねぎのパン粉焼き 70
●●レンジで他人丼 81
●ガスパチョ（サラダ用・新玉ねぎ） 15
●里いもの柚子胡椒サラダ
　　　　　（サラダ用・新玉ねぎ） 17

●春雨エスニックサラダ
　　　　　（サラダ用・新玉ねぎ） 21
●●サーモンの炙り（サラダ用・新玉ねぎ） 29
●サーモンとアボカドのタルタル
　　　　　（サラダ用・新玉ねぎ） 29
●鶏ささみの粒マスタードマリネ
　　　　　（サラダ用・新玉ねぎ） 31
●トマトと新玉ねぎの和風サラダ
　　　　　（サラダ用・新玉ねぎ） 52
●●玉ねぎの白だしサラダ
　　　　　（サラダ用・新玉ねぎ） 70
●玉ねぎのレンチンハーブ蒸し
　　　　　（サラダ用・新玉ねぎ） 70
●玉ねぎのクミン昆布マリネ
　　　　　（サラダ用・新玉ねぎ） 75

チンゲン菜
●チンゲン菜とほたて缶の
　　　　　オイスターソースがけ 53

豆苗
●豆苗のオイル和え 13

トマト
●●ジューシートマトの
　　　　　ひき肉ソースがけ 21
●●トマトのクミンソテー 42
●トマトと新玉ねぎの和風サラダ 52
●トマトの甘酢和え 61
●トマトの塩昆布和え 66
●トマトキムチ 66
●トマトのねぎまみれ 66
●トマトの粉チーズ焼き 66
●●トマトとクリームチーズのおかか和え 66

長いも
●サーモンの漬け（コチュジャン×長いも） 29
●納豆と梅味の長いも詰め焼き 57
●長いもレモン 77

長ねぎ
●まぐろのからしうまだれ絡め 28
●●ねぎま汁 29
●●ねぎ梅和え 32
●厚揚げのオイスターマヨ炒め 57
●ガーリックねぎライス 81

ナス
●ナスとひき肉のとろとろ煮 17
●餃子味のナスのつくね 48
●●ナスのマヨポン 61

ニラ

●レンジで上海風焼きそば 13
●●レンチンマイルド豚キムチ 25
●ニラ巻き豚 27
●餃子味のナスのつくね 48
●ニラ豚玉 55
●生ニラのナムル 72
●生ニラのコチュジャン和え 73
●洋風ニラ玉 73
●ニラのお浸し 73

にんじん
●●春雨とにんじんのナムル 33
●色とりどり野菜の3種ディップ添え 44
●にんじんとフライドオニオンの
　　　　　さっぱりサラダ 60
●●にんじんのガーリックオイル 69
●にんじんのツナサラダ 69
●グリルにんじんの明太和え 69
●にんじんのエスニックサラダ 69
●ポリポリにんじんのピーナッツ和え 69
●にんじんのカレーマリネ 74
●にんじんのアーモンドソテー 78
●韓国風のり巻き 80

にんにく
●バーベキューグリル 35
●●鶏もも肉の塩レモングリル 36
●黒コショウ焼き 36
●カレー風味焼き 37
●●アンチョビ風味のから揚げ 38
●●塩から揚げ 39
●鶏チリマヨ 40
●ごまから揚げ 41
●スパイシーチキン 41
●お豆腐でボリュームアップ！
　　　　　ヘルシーよだれ鶏 46
●●大根のから揚げ 51
●ほうれん草と牛肉のガーリックお浸し 51
●きのこのアンチョビオイル蒸し 52
●トマトのねぎまみれ 66

白菜
●ほたて缶と白菜のバター蒸し 51

パクチー
●豚ばらスライスのレンジ角煮風 26
●アボカドのエスニック風 30
●ナンプラー風味 37
●千切りじゃがいものソムタム風 63
パクチーオイル 87

パセリ
●きのこのアンチョビオイル蒸し 52

- しいたけのバターガーリックしょうゆ　67
- 玉ねぎの白だしサラダ　70

パプリカ
- 生春巻き　33
- 色とりどり野菜の3種ディップ添え　44

ピーマン
- トースター焼き　31

ブロッコリー
- 柚子胡椒マヨサラダ　31
- 色とりどり野菜の3種ディップ添え　44
- 大根の生クリームグラタン　50
- ブロッコリーとシーフードの
　　　　とろとろ中華煮　52
- ブロッコリーのにんにくだし和え　71
- ブロッコリーの梅マヨサラダ　71
- ブロッコリーの明太チーズ和え　71
- ブロッコリーのエスニック風　71
- ブロッコリーの粒マスタード和え　71

ほうれん草
- ささみとほうれん草のごまドレがけ　32
- ほうれん草と牛肉のガーリックお浸し　51
- 韓国風のり巻き　80

まいたけ
- たっぷりきのこのクミンライス　15
- きのこのアンチョビオイル蒸し　52

水菜
- カリカリ揚げ野菜とサーモンの
　　　　サラダ仕立て　15
- 茹で豚のからしみそ和え　24
- 生春巻き　33
- サラダうどん　83

三つ葉
- 鶏だしのお吸い物　32

ミニトマト・プチトマト
- アンチョビトマト冷奴　58
- プチトマトのマリネ　75
- ショコラトマト　84

もやし
- レンジで上海風焼きそば　13
- もやしの中華風サラダ　65
- アンチョビもやし　65
- もやしのピリ辛和え　65
- もやしのナンプラーナムル　65
- もやしのおかか和え　65

- エスニック焼きそば　82

レンコン
- カリカリ揚げ野菜とサーモンの
　　　　サラダ仕立て　15
- レンコンの炒めマリネ　61
- レンコンの明太柚子胡椒和え　72
- レンコンののり塩揚げ　72
- レンコンのキムチーズ蒸し　72
- 茹でレンコンのわさびサラダ　72

【果物】

オレンジ
- フルーツオープンサンド　84

キウイ
- フルーツオープンサンド　84

バナナ
- 即席ティラミス風　85

リンゴ
- リンゴのレンジコンポート　85

レモン
- サーモンのザンギ　29
- 長いもレモン　77
- エスニック風カルパッチョ　87

【卵・乳製品・大豆製品】

うずら卵
- みそ漬けうずら卵　76

卵
- カリカリ揚げ野菜とサーモンの
　　　　サラダ仕立て　15
- 鶏ひき肉のガパオ風炒め　20
- 梅入りつくね　21
- 肉団子のナッツ和え　22
- 肉団子のスパイシーボール　23
- ねぎポンマヨ　23
- キャベツスープ　23
- みそマヨ焼き　23
- 鶏だしのチーズ入り玉子焼き　32
- 粉なしでふわふわお好み焼き風　46
- 明石焼き風だし巻き　54
- 揚げ卵のスイートチリソース　54
- きのこのキッシュ風　54
- ニラ豚玉　55
- ほたてのだし巻き卵　55

- かにカマと卵のとろとろ煮　55
- トンペイ焼き　55
- 洋風ニラ玉　73
- 卵のとろふわあんかけ　81
- 焼き卵かけごはん　81
- レンジで他人丼　81
- 卵と明太子のちょびっと丼　81
- アンチョビ釜玉　83

牛乳
- 甘辛スコップコロッケ　44
- きのこのキッシュ風　54
- 鶏だし牛乳うどん　83

生クリーム
- 大根の生クリームグラタン　50

クリームチーズ
- 豚肉の明太チーズ絡め　27
- 色とりどり野菜の3種ディップ添え　44
- トマトと新玉ねぎの和風サラダ　52
- きのこのキッシュ風　54
- きゅうりとクリームチーズの
　　　　ハーブサラダ　64
- トマトキムチ　66
- トマトとクリームチーズの
　　　　おかか和え　66
- ブロッコリーの明太チーズ和え　71
- さつまいものペースト　75
- レーズンチーズボール　84

粉チーズ
- みそマヨ焼き　23
- チーズ風味から揚げ　40
- まるごとじゃがいも　48
- 油揚げのみそマヨねぎピザ　57
- トマトの粉チーズ焼き　66
- トマトリゾット　81

スライスチーズ
- 豚ロース薄切りのチーズ挟み焼き　26
- 洋風春巻き　31
- 鶏だしのチーズ入り玉子焼き　32
- 甘辛チーズしょうゆだれ　35
- きゅうりと梅チーズのサンドウィッチ　44
- じゃがいものカリカリチーズ
　　　　ガレット　52
- きのこのキッシュ風　54
- 厚揚げのキムチーズのっけ焼き　56
- 薄切り大根の梅チーズ挟み　68

ピザ用チーズ
- トースター焼き　31

93

● 甘辛スコップコロッケ　44
● 油揚げのキムチーズピザ　46
●● 青のりとチーズのポテトボール　63
●● 玉ねぎのステーキ　70
● レンコンのキムチーズ蒸し　72

マスカルポーネチーズ
● フルーツオープンサンド　84
● 即席ティラミス風　85

厚揚げ
● 厚揚げのキムチーズのっけ焼き　56
● 厚揚げの甘辛わさび　57
● 厚揚げのオイスターマヨ炒め　57
● えびと厚揚げの旨煮　77

油揚げ
● 油揚げのキムチーズピザ　46
● 春菊のお揚げまきまき　57
●● 油揚げのみそマヨねぎピザ　57
● 納豆と梅風味の長いも詰め焼き　57
● 油揚げとキャベツのみそバター炒め　57
● 煮びたし　62

豆腐
●● サーモンの漬け（柚子胡椒×豆腐）　29
● 色とりどり野菜の3種ディップ添え　44
● お豆腐でボリュームアップ！
　　　　　　　　ヘルシーよだれ鶏　46
● 豆腐のおかかステーキ　56
●● カリカリ豚のっけ冷奴　56
● 豆腐の明太子煮　56
● アンチョビトマト冷奴　58
● 豆腐のオリーブオイル漬け　74

納豆
● 粉なしでふわふわお好み焼き風　46
● 納豆と梅風味の長いも詰め焼き　57

【乾物・漬物・加工品】

青のり
● みそマヨ焼き　23
●● 紅生姜入り豚天　26
●● 青のり塩　35
● じゃがいもとイカののりマヨ炒め　53
● キャベツのソースマヨ焼きサラダ　62
●●● 青のりとチーズのポテトボール　63
●●● レンコンののり塩揚げ　72

かつおぶし
● たことじゃがいものおかか炒め　13

●● 豚ばらと大根のおかかしょうゆ炒め　25
●● きゅうりと豚のガーリック炒め　27
●● おかか風味のから揚げ　39
●● 明石焼き風だし巻き　54
● トンペイ焼き　55
● 豆腐のおかかステーキ　56
● もやしのおかか和え　65
●●● トマトとクリームチーズの
　　　　　　　おかか和え　66
● レンチンなめたけ　67
● 大根のカレー炒め風　68
● 春菊のおかか煮びたし　73
● レンジで他人丼　81
● ワンポットで柚子胡椒にゅうめん　83

桜えび
● 里いもの柚子胡椒サラダ　17
● 揚げ焼きサクサクキャベツ　48
● 春菊のかき揚げ　53
● キャベツと桜えびの
　　　　　　　ガーリックマヨソテー　62
● もやしのナンプラーナムル　65
● ブロッコリーのエスニック風　71
● エスニック焼きそば　82

塩昆布
● トマトの塩昆布和え　66
● 大根の塩昆布梅炒め風　68
● 玉ねぎのクミン昆布マリネ　75

のり
● きゅうりののり和え　64
● えのきの梅のり巻き　67
● 韓国風のり巻き　80
● アボカドののりごま和え　86

春雨
● 春雨エスニックサラダ　21
●● 春雨とにんじんのナムル　33

フライドオニオン
●● ジューシートマトの
　　　　　　　ひき肉ソースがけ　21
● にんじんとフライドオニオンの
　　　　　　　さっぱりサラダ　60
●● トマトリゾット　81

わかめ
●● もやしの中華風サラダ　65

梅干し・梅肉
● 梅入りつくね　21
● ねぎ梅和え　32

● きゅうりと梅チーズのサンドウィッチ　44
● 納豆と梅風味の長いも詰め焼き　57
● えのきの梅のり巻き　67
●● 薄切り大根の梅チーズ挟み　68
● 大根の塩昆布梅炒め風　68
● ブロッコリーの梅マヨサラダ　71

キムチ
●● レンチンマイルド豚キムチ　25
● キムマヨスティック　39
● 油揚げのキムチーズピザ　46
● 厚揚げのキムチーズのっけ焼き　56
● キムチ入りポテサラ　63
● トマトキムチ　66
● レンコンのキムチーズ蒸し　72

たくあん
● 韓国風のり巻き　80

紅生姜
● 紅生姜入り豚天　26
●● 明石焼き風だし巻き　54
● キャベツのソースマヨ焼きサラダ　62

アーモンドスライス
● 肉団子のナッツ和え　22
●● 茹で豚のからしみそ和え　24
● にんじんのアーモンドソテー　78
● アーモンド塩チョコ　84

くるみ
● くるみの甘辛みそ　78
● レーズンチーズボール　84

ピーナッツ
●● もやしのピリ辛和え　65
● にんじんのエスニックサラダ　69
● ポリポリにんじんのピーナッツ和え　69
● 春菊のピーナッツ和え　73
● ゆかりナッツパスタ　83

レーズン
● レーズンチーズボール　84
● リンゴのレンジコンポート　85
● レーズンバター　85

板チョコ
● ショコラトマト　84
● アーモンド塩チョコ　84

トマトジュース
● ガスパチョ　15
●● トマトリゾット　81

マーマレード
- さつまいものペースト　75
- 白ワインとマーマレードのソルベ　85

【魚・肉の加工食品】

アンチョビフィレ
- 豚肉のアンチョビバター炒め　26
- アンチョビ風味のから揚げ　38
- きのこのアンチョビオイル蒸し　52
- アンチョビトマト冷奴　58
- キャベツのアンチョビサラダ　58
- アンチョビもやし　65
- アンチョビ釜玉　83

辛子明太子
- 豚肉の明太チーズ絡め　27
- 明太スティック　39
- 色とりどり野菜の3種ディップ添え　44
- 豆腐の明太子煮　56
- きのこの明太マヨ炒め　60
- 大根の明太和え　68
- グリルにんじんの明太和え　69
- ブロッコリーの明太チーズ和え　71
- レンコンの明太柚子胡椒和え　72
- 卵と明太子のちょびっと丼　81
- レンジ焼き明太うどん　83

ちりめんじゃこ
- 大根サラダ　68

ツナ缶
- 色とりどり野菜の3種ディップ添え　44
- ツナ缶とキャベツの温サラダ　62
- にんじんのツナサラダ　69
- サラダうどん　83

ほたて缶
- ほたて缶と白菜のバター蒸し　51
- チンゲン菜とほたて缶の
　　　　　　オイスターソースがけ　53
- ほたてのだし巻き卵　55

ちくわ
- レンジ焼き明太うどん　83

かにカマ
- かにカマと卵のとろとろ煮　55

ハム
- もやしの中華風サラダ　65

ベーコン
- きのこのキッシュ風　54
- きゅうりとベーコンの
　　　　　　　さっと炒め　64
- 玉ねぎのステーキ　70
- 玉ねぎのレンチンハーブ蒸し　70
- 春菊とベーコンのサラダ　73

【ごはん・麺類・小麦粉製品】

ごはん
- たっぷりきのこのクミンライス　15
- 韓国風のり巻き　80
- ガーリックねぎライス　81
- 卵のとろふわあんかけ　81
- 焼き卵かけごはん　81
- レンジで他人丼　81
- 卵と明太子のちょびっと丼　81
- トマトリゾット　81

食パン
- きゅうりと梅チーズの
　　　　　　　　サンドウィッチ　44
- フルーツオープンサンド　84
- 即席ティラミス風　85

スパゲティ
- ゆかりナッツパスタ　83

素麺
- ワンポットで柚子胡椒にゅうめん　83

春巻きの皮
- 洋風春巻き　31

焼きそば用蒸し麺
- レンジで上海風焼きそば　13
- エスニック焼きそば　82

ライスペーパー
- 生春巻き　33

冷凍うどん
- アンチョビ釜玉　83
- サラダうどん　83
- 鶏だし牛乳うどん　83
- レンジ焼き明太うどん　83

井上かなえ

人気料理ブロガー。2005 年にスタートした子どもの育児
日記と日々の晩ごはんを綴ったブログ「母ちゃんちの晩御
飯とどたばた日記」はアクセス数 1 日 12 万件を誇り、レ
シピブログのブロガーランキングでは殿堂入りするほどの
人気。現在は、夫、てんきち兄さん（大学生）、なーさん
（高校生）、すぅさん（中学生）と犬のメイの 6 人家族。「て
んきち母ちゃんちの毎日ごはん」シリーズ（宝島社）など、
著書多数。2015 年発売の「てんきち母ちゃんの　朝 10 分、
あるものだけでほめられ弁当」（文藝春秋刊）は、お弁当
作りに悩む人たちの間で大人気となり、ベストセラーに。
雑誌、TV、食品メーカーのレシピ考案などでも活躍中。

ブログ「母ちゃんちの晩御飯とどたばた日記」
http://inoue-kanae.blog.jp/

写真：井上かなえ、志水隆、松本輝一、平松市聖
デザイン：野中深雪
企画協力：レシピブログ http://www.recipe-blog.jp

てんきち母ちゃんの
夜10分、あるものだけで
おつまみごはん

2016 年 9 月 15 日　第 1 刷発行
2018 年 2 月 5 日　第 4 刷発行

著　者　井上かなえ

発行者　井上敬子

発行所　株式会社 文藝春秋
　　　　〒 102-8008 東京都千代田区紀尾井町 3-23
　　　　電話　03-3265-1211

印刷所　光邦

製本所　加藤製本

万一、落丁、乱丁の場合は、送料当方負担でお取替えいたします。
小社製作部宛にお送りください。定価はカバーに表示してあります。
本書の無断複写は著作権法上での例外を除き禁じられています。
また、私的使用以外のいかなる電子的複製行為も一切認められておりません。

©KANAE INOUE 2016　　　　ISBN 978-4-16-390530-3
　　　　　　　　　　　　　　printed in Japan